AF598956

L'audience est ouverte : faites entrer la juge

Annick Corona

L'audience est ouverte : faites entrer la juge

ISBN : 979-10-422-1689-4

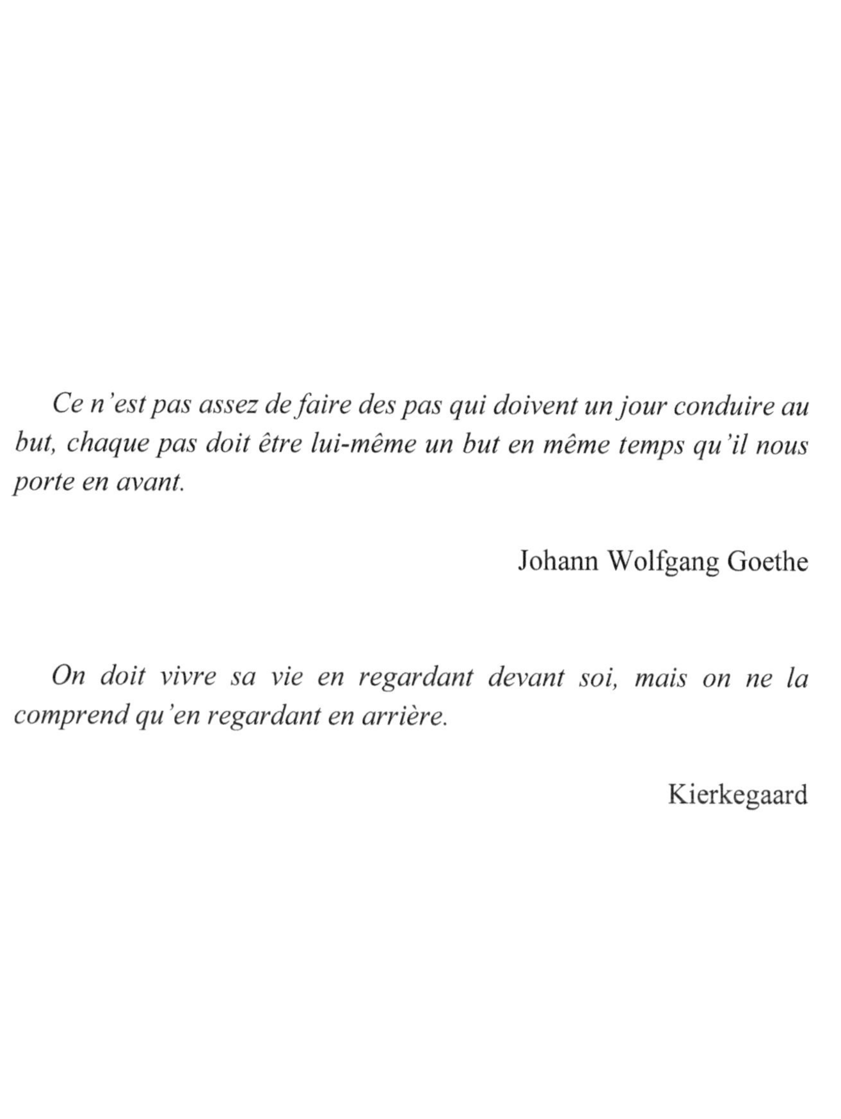

Ce n'est pas assez de faire des pas qui doivent un jour conduire au but, chaque pas doit être lui-même un but en même temps qu'il nous porte en avant.

Johann Wolfgang Goethe

On doit vivre sa vie en regardant devant soi, mais on ne la comprend qu'en regardant en arrière.

Kierkegaard

Préface

Mon premier contact avec Annick Corona date du 13 janvier 2012. La date n'a aucune importance (je me suis aidée de mes archives pour la retrouver) si ce n'est que cette première conversation téléphonique n'a pas été anodine.

À l'époque, j'écrivais et réalisais des documentaires pour « Faites entrer l'accusé ».

L'émission de France 2 se consacrait essentiellement à ce que l'on appelle les « crimes de sang ». Jusqu'au jour où, après avoir eu vent d'une affaire de banditisme atypique et passionnante, j'ai réussi à convaincre la chaîne de consacrer un épisode à ces « beaux braqueurs ». Inutile de vous en dire plus sur le « Gang des Souris vertes », vous découvrirez leur saga au gré de ces pages…

Dans ce dossier, un nombre incalculable de juges d'instruction ont été saisis et une part de mon travail (en plus de la « réalisation »), consistait à contacter ces magistrats, ainsi que tous les autres protagonistes (victimes, enquêteurs, témoins, experts…) pour les convaincre de témoigner face caméra.

Une tâche habituelle, à l'exception près qu'Annick Corona n'était pas une « simple juge ». Elle faisait partie d'une « JIRS », un pôle spécialisé, doté de compétences et d'expériences particulières pour lutter contre la criminalité organisée et la grande délinquance économique et financière. Instaurées en 2004 dans les principales mégalopoles françaises, ces « super » juridictions en imposaient.

Annick Corona siégeait à Lyon, la « capitale des Gaules » étant le centre névralgique/géographique du gang.

Cette affaire était un véritable sac de nœuds. Pour comprendre le parcours, l'évolution et le mode opératoire de ce ces braqueurs aux multiples « talents », le témoignage de celle qui avait instruit et synthétisé plus de 40 000 pages de procédure m'était indispensable. C'est donc avec appréhension que j'ai décroché mon téléphone…

Notre premier contact a tout de suite été sympathique. Annick Corona se souvenait parfaitement du dossier. Nous en avons parlé un long moment avec engouement. Pour moi, l'affaire était « bouclée ». J'allais l'interviewer. Autant dire que ce fût la douche froide, lorsque j'ai dû me résoudre à taper nerveusement sur mon clavier : « NON. Refuse de participer. Rappeler pour convaincre ».

Essuyer pareille rebuffade est aussi rageant que frustrant. Ça l'est davantage après un échange d'une telle richesse et d'une telle fluidité.

Les « fin de non-recevoir » sont d'ordinaire motivées par différentes raisons. Bonnes ou mauvaises. Elles le sont rarement par humilité. Or il s'agissait bien là de modestie. Annick Corona ne voyait pas de raison de « se mettre en avant », alors qu'elle n'avait fait que son travail.

Bien sûr, si j'écris ces lignes, c'est parce qu'elle est finalement revenue sur sa décision et que lors du tournage de son interview, nous avons partagé un moment professionnel, convivial et chaleureux. Puis nous avons repris chacune notre chemin, échangeant quelques nouvelles, au gré de la sortie de mon livre sur le « Gang des souris vertes » par exemple.

Plusieurs années plus tard, j'ai pu échanger avec les braqueurs, sortis de prison après avoir effectué leurs peines. À ma grande surprise, j'ai constaté qu'aucun d'entre eux ne lui en voulait. Au contraire. Chacun y allait d'une anecdote, d'un geste, d'un souvenir, d'une « attention » de la part d'une femme pourtant chargée de les punir pour leurs méfaits. Nous savons tous révolue l'époque où juges et criminels se considéraient avec respect. S'affrontaient avec humanité.

Ces valeurs, on les retrouve dans ce livre. Tout au long de ces pages, Annick Corona nous dévoile avec pudeur et sensibilité, son enfance, sa vie de femme, d'épouse et de mère. Quand elle fait le récit de ses années de magistrature, elle ne cherche ni à glorifier ses « victoires » ni à faire l'impasse sur ses erreurs. Jamais elle ne cède à la facilité d'imputer à d'autres la responsabilité de ses échecs.

C'est avec honnêteté qu'elle s'est mise dans l'inconfortable position de l'accusé…

« Faites entrer la juge ! »

Imen Ghouali
Journaliste d'investigation, réalisatrice et scénariste

Clap de fin

La sonnette retentit, l'huissier annonce, la voix grave :

— Mesdames et messieurs, la cour !

La salle entière se lève comme un seul homme. Je pénètre dans la salle d'audience de façon solennelle, vêtue de ma robe écarlate bordée d'hermine. Je suis suivie de mes deux assesseurs accompagnés des jurés qui s'installent autour de moi sur les confortables fauteuils de cuir noir, soigneusement alignés autour de l'imposante table trônant sur l'estrade au-dessus du public.

Bien que cette mise en scène soignée m'ait toujours troublée, je me suis faite à l'idée que ce décor et ces tenues d'apparat participent à la solennité nécessaire à ce lieu hautement symbolique que représente une cour d'assises.

La session a duré une quinzaine de jours et le planning extrêmement dense a été maîtrisé. Au moment de la sentence, la fatigue est grande, l'émotion est encore palpable ; les délibérés ont été intenses avec les jurés qui se sont fortement impliqués pour arriver à une décision de culpabilité.

Chaque fois que je rentre ainsi dans la salle d'audience à l'issue d'un délibéré, j'ai le cœur qui bat à cent à l'heure, tous les regards sont portés vers moi, moi qui dois clôturer une page judiciaire, rendre compte d'une décision tant attendue, par les victimes, les familles et même les accusés. Je dois acquitter ou condamner, énoncer un verdict, parfois en dizaines d'années d'emprisonnement. Je déteste ce moment pourtant si nécessaire…

La salle d'audience est comble, outre le public, les habituels journalistes, les étudiants et quelques stagiaires en droit, je reconnais de nombreux visages familiers. Mon époux est là, accompagné de quelques proches et je constate la présence de plusieurs collègues.

— L'audience est reprise, accusé, levez-vous ! À la question : l'accusé est-il coupable d'avoir volontairement donné la mort à madame Martin ? Les jurés ont répondu oui à la majorité de 8 voix au moins. À la question : ces faits ont-ils été commis avec préméditation ? La réponse a été oui à la même majorité. En conséquence de cette décision de culpabilité, la cour vous condamne à la peine de 30 ans de réclusion criminelle assortie d'une période de sûreté de 18 ans. Vous avez cinq jours pour vous pourvoir en cassation, passé ce délai, vous ne serez plus recevable.

À l'énoncé de la sentence l'accusé change de statut, il devient un condamné et est escorté directement en prison. La session d'assises étant terminée, je lève la séance, dans les cris et brouhahas habituels provoqués par les proches de l'accusé à la lecture du verdict.

Une émotion inhabituelle m'envahit… je viens de prononcer ma dernière sentence, je viens de présider ma dernière session de cour d'assises, ma carrière prend fin…

J'ai du mal à réaliser que ma vie professionnelle puisse s'arrêter ainsi, de façon presque brutale, je ressens à ce moment-là une forte émotion, un grand vide.

Alors que je commençais à me lever pour quitter la salle, une voix s'élève à ma gauche, celle de l'avocat général :

— Madame la présidente, je voudrais vous proposer une dernière réquisition.

Cette intervention improbable me surprend, car il est totalement impossible que l'avocat général prenne des réquisitions après la clôture des débats, mais dès les premiers mots élogieux de mon collègue, je comprends que les discours prévus pour mon pot de départ à la retraite viennent de commencer.

Au moment où ces discours débutent, où ma carrière professionnelle est égrenée, je fais défiler mon parcours de vie, mes convictions, mes expériences, mes motivations… Qui suis-je ? Comment et pour quelles raisons ai-je choisi ce métier ? Ai-je rempli ma mission ? Je me remets en scène, j'imagine un procès :

— Madame la juge, levez-vous…

Chapitre I
Une enfance compliquée

J'ai vu le jour le 4 février 1960 à Saint-Étienne, deuxième d'une fratrie de quatre. Avant moi était né Patrick, le 3 août 1958, puis sont venus Yvon, le 4 octobre 1963, et Estelle, le 7 novembre 1968.

Bien qu'à l'époque les accouchements avaient majoritairement lieu en milieu hospitalier, nous sommes tous les quatre nés au domicile familial avec l'assistance d'une sage-femme. Ce choix accepté par maman était exigé par mon père ; un ami lui avait un jour raconté l'histoire d'une maternité où des enfants avaient été échangés par erreur !

Notre père, François, né le 27 février 1924, était fils unique. Ses parents, Gabrielle et François, séparés très jeunes, ont confié son éducation à ses grands-parents maternels que je n'ai pas connus. Il n'a jamais rien livré de sa vie d'enfant, d'adolescent et de jeune adulte, de ses études, ses relations sociales et amicales. Des quelques confidences qu'il nous a transmises, je sais qu'il souffrait d'avoir été abandonné par ses parents, lesquels sont décédés à l'âge de 35 ans. Quelques photos de papa, jeune garçon, nous livrent certains indices. Sur l'une de ces photos, il pose sur une trottinette, vêtu d'une marinière impeccable, il sourit, il semble bénéficier d'une certaine aisance financière.

Le peu que je sais de sa vie d'enfant et d'adolescent m'a été raconté par sa tante Estelle, sœur de sa mère. Estelle avait 17 ans quand elle a quitté la Normandie, dans les années 1930, pour étudier et s'installer à Londres. Elle ne m'a jamais expliqué les raisons pour lesquelles elle avait quitté son foyer familial ni dans quelles conditions matérielles elle avait rejoint l'Angleterre. Les seules confidences qu'elle m'a faites, peu avant son décès, concernaient sa filiation : elle était l'aînée d'une fratrie de trois filles, ma grand-mère, Gabrielle était la seconde, Yvette, de huit ans sa cadette, était la dernière. Toutes deux étaient les filles légitimes de mes arrière-grands-parents paternels. Yvette, la plus jeune, est décédée à l'âge de 4 ans des suites d'une intoxication alimentaire.

Estelle, née de père inconnu, avait été adoptée par le mari de sa mère. Ce fait intime qu'elle avait gardé secret l'avait marqué. J'ai compris, à l'évocation de ce sujet, qu'elle conservait une immense amertume et que l'ignorance de l'identité de son père avait peut-être motivé son exil.

Sa mère était femme de ménage au service d'un châtelain, celui-ci pouvait-il être son père ? Estelle le croyait. Sa mère ne lui a jamais livré de réponse.

Arrivée à Londres, elle a très vite rencontré un jeune homme, John Ford, d'une famille d'industriels américains très riches. Ils se sont mariés. Elle s'est installée dans un cadre de vie très aisé. Elle côtoyait la famille royale, la bourgeoisie et la noblesse anglaises…

Ma grand-mère, séparée de son mari, l'a alors rejointe à Londres. C'est une période de la vie de ma grand-mère que je ne connais pas ; ce que je sais, c'est que ma grande tante Estelle a aidé financièrement sa sœur et ses parents, d'où l'apparente aisance apparaissant sur les clichés photographiques de mon père à cette époque.

Je pourrais écrire un livre sur la vie de ma grande tante Estelle tant elle a été riche d'évènements.

Après huit ans de mariage avec John Ford, elle a divorcé. Elle vivait seule à Londres lorsque la Seconde Guerre a éclaté.

En juin 1940, après l'appel du général de Gaulle exilé à Londres, elle s'est impliquée auprès des établissements scolaires en enseignant le français, la littérature française et l'histoire. Elle a eu une relation amoureuse avec un général de l'armée française dont elle ne nous a jamais livré l'identité. Elle avait de nombreux secrets, qu'elle nous dévoilait de temps à autre… mais pas celui-là !

Peu après la fin de la guerre, en 1946, elle a rencontré et épousé un poète anglais, John Gawsworth, de son vrai nom Terence Ian Fytton Armstrong. Elle a côtoyé, tout au long de sa vie commune avec lui, des artistes, poètes, peintres, écrivains et musiciens. Elle a vécu une vie de bohème et est même devenue reine de Redonda, une minuscule île des Petites Antilles, en 1947, du fait de son mariage avec le poète devenu roi de cette île sous le nom de Juan 1er.

Elle a mis fin à ce mariage quelques années plus tard. Elle m'a confié que son roi-poète était volage et alcoolique. Durant toutes ces années, elle n'a eu quasiment aucune relation avec mon père, son neveu. Ce n'est qu'après son troisième mariage, avec un riche industriel belge, Charles Schumacher, dans les années 1960, qu'elle a repris contact avec papa qui était alors marié et père de deux enfants, mon frère Patrick et moi. Elle s'était installée quelques années à Bruxelles, mais après le décès accidentel de Charles, elle est repartie vivre à Londres.

Papa la décrivait comme « la riche tante d'Amérique ». Lors de ses rares et courtes visites en France, elle passait un peu de temps avec notre famille et nous offrait des petits cadeaux. Lorsque papa nous parlait d'elle, c'était pour la critiquer, pour dire qu'il n'avait que faire de son argent ; il ne la supportait pas. Je ne conserve que des souvenirs confus de ces visites. Je n'ai véritablement connu ma grande tante qu'à compter des années 1990. Se voyant vieillir seule, elle a souhaité renouer des liens avec nous ; mon père était décédé, j'étais mariée, mon fils aîné, Nicolas, était né.

Nous nous sommes rencontrés relativement souvent en France et à Londres. Nos échanges étaient riches et instructifs sur l'histoire de ma famille paternelle, même si de nombreuses zones d'ombre persistent.

En 1999, apprenant qu'elle était atteinte d'un cancer, nous avons convenu de son retour en France afin qu'elle puisse vivre les derniers moments de sa vie auprès de nous. Elle est décédée en août 2000.

N'ayant jamais travaillé, elle a occupé sa vie à lire, férue de littérature, d'histoire et d'art, elle était incollable sur l'histoire de France et d'Angleterre. Elle a acquis, au fil des années, notamment dans les salles de vente, des œuvres littéraires fantastiques qu'elle nous a fait découvrir et partager.

Est-ce sous l'influence de sa tante que papa a suivi des cours de musique ? Il était en effet doué pour l'accordéon. Compte tenu de ce talent, j'en déduis qu'il a dû faire preuve d'une certaine assiduité à l'école de musique, en tout cas davantage que pour sa scolarité en général, qu'il a délaissée très tôt. À ma connaissance, il n'avait pas de diplôme, mais il était intelligent et cultivé.

Au regard de son caractère fier et indépendant, il a très vite quitté le cocon familial pour gagner sa vie par lui-même.

Mineur de fond dans les mines du nord de la France jusqu'à leur fermeture, il est arrivé à Saint-Étienne où il a travaillé au puits Couriot jusqu'en 1965, année où l'extraction du charbon a cessé à Saint-Étienne. Tout comme le puits Couriot, qui est devenu un musée, papa s'est reconverti, d'abord comme salarié dans une entreprise de chauffage, avant de trouver un emploi comme technicien de maintenance dans une université stéphanoise.

Maman est née le 27 septembre 1934 et ce qu'elle a vécu de la Seconde Guerre mondiale durant son enfance l'a marquée. Elle nous a raconté comment elle avait survécu au bombardement de son immeuble et de son école dans le quartier Tardy à Saint-Étienne. Son père souffrait de la tuberculose, aussi, a-t-elle été placée dans un préventorium, pour des raisons sanitaires. Cet exil forcé lui a sauvé la vie, car le jour du bombardement, elle aurait dû se trouver au domicile familial ou à l'école, complètement soufflés par une explosion.

Grand-père est mort en 1945, je ne l'ai pas connu. Ma grand-mère s'est assez rapidement remariée et a eu une autre fille, lui manifestant une certaine préférence. Les relations affectueuses avec son beau-père et sa demi-sœur n'étaient pas exceptionnelles et maman s'est sentie délaissée. Relativement douée à l'école, elle aurait voulu étudier et encore aujourd'hui, je reste impressionnée par ses qualités scolaires alors que malheureusement, sans la motivation de sa mère, elle a été obligée d'aller travailler dans une usine de textile dès l'âge de 14 ans.

Une de ses tantes, en couple avec un mineur qui avait sympathisé avec mon père, lui a présenté papa en 1957. Trois mois plus tard, ils se mariaient.

Orpheline très jeune, en manque d'amour maternel, maman était en droit d'espérer le bonheur d'un couple aimant au sein d'un foyer paisible. Hélas ! Le couple s'est avéré chaotique, mon père était alcoolique, addiction dont il a hérité de ses années de mineur de fond. Quand il avait bu, en particulier le week-end, il devenait violent, avec ma mère et ses trois enfants, particulièrement avec l'aîné, Patrick.

Je n'ai pas partagé beaucoup de jeux avec mes frères et sœur, hormis le vélo que j'empruntais parfois à mon frère, les patins à roulettes et des jeux de société. J'ai peu de souvenirs d'enfance véritablement heureux au sein de ma cellule familiale. Notre quotidien était parfois agrémenté de soirées crêpes rythmées de morceaux d'accordéon. Mon père jouait avec aisance de cet instrument depuis son enfance, il composait même certains morceaux. Je garde en mémoire l'image de rares moments agréables où papa, accompagné par un vieux tourne-disque, dansait la valse avec maman. Il se permettait même de jouer de son instrument tout en valsant, ce qui m'impressionne encore à ce jour.

Patrick et moi avons été inscrits à des cours de musique pour apprendre et jouer de l'accordéon. Patrick était doué, moi, non ; j'aurai préféré le piano.

J'ai très tôt pratiqué des activités sportives, en partie pour sortir de la maison. La danse folklorique de 14 à 16 ans au sein d'une amicale laïque, puis le rock et ensuite les claquettes, toujours avec le même groupe. En parallèle, je jouais au basket et cela m'a beaucoup apporté : les entraînements, les matchs, les victoires, les défaites, le collectif, le partage… J'ai pratiqué ce sport une bonne trentaine d'années.

Les difficultés que je vivais à la maison, les violences de mon père, nos conditions de vie culturelles, sociales et financières très modestes m'inspiraient un sentiment de honte et d'infériorité.

La pratique de ces activités sportives m'a permis de tisser des liens sociaux et amicaux hors de mon cercle familial et scolaire et de découvrir d'autres modèles de vie. Vouloir dépasser les obstacles, persévérer face aux difficultés et aspirer à une vie meilleure étaient devenu un but, je n'étais pas ambitieuse, et même plutôt discrète, mais je le suis devenue au fil du temps, je ne voulais plus de cette vie faite de déceptions.

À l'âge de 14 ans, mes parents m'ont acheté à crédit une « mobylette », plus précisément une Peugeot 102 blanche ; il s'agit certainement d'un de mes plus beaux souvenirs d'adolescente. Habitant à Terrenoire en périphérie de Saint-Étienne, je me rendais à l'école à pied, mon collège était situé à presque une heure de marche, à midi j'avais tout juste une demi-heure pour déjeuner et le soir, je rentrais éreintée. Ce mode de locomotion a changé ma vie, il était bien plus qu'un moyen de transport, il m'a permis de bénéficier d'une certaine liberté et de m'évader quand la pression à la maison devenait insupportable. Ma précieuse mobylette m'a accompagnée durant de nombreuses années, jusqu'à l'obtention du permis de conduire et l'achat de mon premier véhicule automobile. J'avais alors 22 ans.

Maman a supporté sa situation de couple jusqu'en 1975, espérant toujours que son mari changerait, car à jeun, il était agréable. C'était un homme intelligent et cultivé qui nous a malgré tout inculqué des valeurs, telles que le travail. Malheureusement, alcoolisé, il devenait un autre homme et détruisait tout dans d'horribles crises de violence.

À plusieurs reprises, après des coups violents, maman et moi étions « jetées dehors », nous nous réfugiions dans une cabane près de la maison où nous passions la nuit. Ces moments-là m'ont énormément marquée, comme ceux où mon père brandissait son fusil et nous le plaquait sur la tempe !

Après chaque scène, il promettait que cela n'arriverait plus et ma mère a longtemps voulu s'accrocher à ce vain espoir. Elle ne s'était jamais confiée à personne, même si, à l'issue d'une scène particulièrement violente, elle s'est présentée à la brigade de gendarmerie pour déposer plainte. Cette plainte avait-elle seulement été formalisée ? À l'époque, les violences conjugales n'étaient pas systématiquement prises au sérieux et les suites judiciaires étaient rares, les services de police considérant que ce genre de problème devait se régler sur l'oreiller !

L'année de mes 15 ans, à l'issue d'une énième scène de violence, je revois encore mon père à genoux, implorant maman de ne pas le quitter et moi, en face d'elle, lui faisant comprendre que je n'en pouvais plus. Ce jour-là, ma mère, ma sœur et moi avons quitté le domicile avec quelques effets et ma précieuse mobylette, et nous nous sommes réfugiées pour quelque temps chez ma grand-mère Jeanne. Mes frères sont restés avec mon père. Ma mère a alors engagé une action en séparation. Une autre vie m'attendait.

Maman a vite trouvé un petit appartement et un travail. Elle a d'abord occupé un poste d'agent secondant les enseignantes en maternelle et primaire, puis est devenue employée de bibliothèque, après avoir réussi un concours. Elle est passée du crayon à l'ordinateur avec aisance et ce nouveau métier a changé sa vie professionnelle.

Mon père a fait le choix de se rapprocher de sa région natale et de s'installer en Normandie, pour tourner la page. Il a obtenu une mutation à Condé-sur-Noireau, près de Caen, où il a continué son travail de technicien de maintenance dans un collège. Mes deux frères sont partis là-bas avec lui ; ils venaient nous voir à Saint-Étienne pendant les vacances scolaires.

Pour ma part, étant en âge de choisir, je refusais de me rendre chez lui. Ma sœur, plus petite, n'avait pas le choix, elle y allait, contrainte, et cela se passait souvent mal. Je garde un souvenir troublant de ces séparations lorsque maman et moi la laissions seule dans le train à la gare de Châteaucreux.

Patrick est resté en Normandie avec mon père jusqu'à sa majorité. Le jour de ses 18 ans, il a décidé de quitter Condé-sur-Noireau pour nous rejoindre à Saint-Étienne, au guidon de sa mobylette chargée de quelques vêtements et de ses précieux vinyles. Yvon se retrouvait désormais seul avec mon père. Je ressens encore aujourd'hui des frissons lorsque j'imagine le moment terrible de la séparation de mes deux frères.

La pression était très forte pour Yvon, qui souhaitait nous rejoindre à Saint-Étienne. Un jour de juin 1975, alors que ma petite sœur se trouvait en Normandie, Yvon et Estelle ont décidé de fuguer. Ce jour-là, mon père avait une nouvelle fois exercé sur ses enfants des violences verbales et physiques. Profitant de sa sieste, ils ont soustrait un peu d'argent dans son portefeuille, dans l'optique de prendre le train à destination de Saint-Étienne.

Mon frère Yvon garde en mémoire cet évènement dont nous rions, aujourd'hui, il nous raconte avoir pris un taxi jusqu'à la gare de Flers sur Orne et avoir demandé au comptoir deux billets sans retour pour Saint-Étienne. L'agent SNCF a interrogé Yvon :

— Vous souhaitez deux billets ? Et où est le second passager ?

Il ne voyait pas Estelle, laquelle ne dépassait pas le guichet !

Ils ont réussi à arriver jusqu'à Paris, en gare de Lyon, où les attendaient les policiers de la brigade des mineurs alertés par mon père. Yvon avait alors 12 ans et ma sœur Estelle 7 ans, qui était reconnaissable de loin avec son mercurochrome sur les genoux, elle avait fait une chute de vélo la veille.

Mon frère raconte qu'ils ont été placés dans la cellule d'un bureau de police durant quelques heures jusqu'à l'arrivée de leur père furieux d'avoir dû gérer cette escapade. Ce fut pour mon frère et ma sœur une expérience douloureuse et marquante, mais qui restera un souvenir poignant inoubliable.

Finalement, ma mère a obtenu le droit de garde d'Yvon dans les mois qui ont suivi cet épisode.

Salvatore (mon futur époux) et moi sommes allés le chercher à Condé-sur-Noireau au volant d'une Simca 1000 Rallye1 bleu nuit. Nous avions rendez-vous dans l'enceinte du collège où mon père travaillait. Nous l'avions prévenu de notre arrivée et le moins que l'on puisse dire, c'est qu'il ne nous a pas reçus avec enthousiasme. Yvon nous attendait, sourire aux lèvres, son regard exprimait un sentiment de délivrance, le contraste était saisissant avec le regard noir de mon père. Certes, il nous en voulait de lui prendre son fils, mais visiblement, il était triste et malheureux.

Après la naissance de mon premier enfant, Nicolas, en 1988, j'ai décidé de renouer avec mon père afin que mon fils connaisse son grand-père, mais nos relations demeuraient compliquées, il n'avait pas cessé de boire. À la fin de l'année 1989, il lui a fatalement été diagnostiqué un cancer de l'œsophage. Sa maladie a évolué très rapidement. En accord avec Salvatore, nous lui avons organisé un rapatriement sanitaire afin qu'il soit soigné près de nous.

Nous l'avons accueilli à la maison et l'avons entouré. Maman a sollicité et obtenu des congés pour nous épauler jusqu'à son décès à l'hôpital, en mai 1990. Lors des derniers mois de sa vie, mon père n'a pas arrêté d'exprimer des regrets sur ce qu'il nous avait fait subir et les conséquences qui en avaient résulté.

Si nous avons ensuite bien évolué, mes frères, ma sœur et moi, c'est grâce à notre mère qui nous a toujours entourés d'amour, d'attention et d'affection. Elle nous a protégés de son mieux et inculqué de saines valeurs. Elle voulait que nous étudiions et suivait notre scolarité avec attention. Elle nous a beaucoup aidés en français et en mathématiques. Maman n'avait qu'un certificat d'études, mais je me souviens qu'elle était capable de rédiger « la dictée de Pivot » en ne faisant quasiment aucune faute ! Férue de mots croisés, elle m'en a transmis l'attrait.

L'école a très vite été un refuge, pour moi, un havre de paix. J'étais attentive et travailleuse, obtenant de bonnes notes.

Lorsque j'étais enfant, nous ne partions jamais en vacances, ne fréquentions pas les musées, les cinémas… Mes parents n'avaient pas de gros revenus et ne lisaient pas. Au collège, j'ai sympathisé avec une élève qui se prénomme Annick, comme moi. Nous sommes très rapidement devenues amies et avons poursuivi notre scolarité ensemble jusqu'en terminale. Sa famille, qui était pour moi un modèle, m'avait « adoptée ». Je leur confiais mon mal-être à la maison. Je partais quelquefois en week-end avec Annick, son frère et ses parents, dans leur maison de campagne, et partageais avec eux des moments de joie. Avec Annick, qui est restée mon amie, nous évoquons très souvent ces bons souvenirs.

Adolescente, je n'avais pas confiance en moi, j'éprouvais un sentiment d'infériorité et le besoin d'être rassurée, même si mes résultats scolaires étaient toujours bons. Je ressentais tellement d'appréhension à l'idée de rater le baccalauréat que dans les jours précédant les épreuves, surtout les principales, maths et physique, je n'arrivais pas à manger. Le ventre vide et l'estomac noué, j'ai passé la première heure de chaque épreuve aux toilettes. Fatalement, j'ai échoué au bac, que j'ai cependant obtenu avec mention l'année suivante.

Cette année-là, en novembre 1977, j'ai rencontré mon futur mari, Salvatore. Je reviendrai sur lui et les conditions de notre rencontre un peu plus tard, il mérite que je m'attarde sur l'importance qu'il a dans ma vie. Il m'a beaucoup aidée à travailler sur moi et à reprendre confiance.

Tout au long de ma scolarité, université comprise, j'ai obtenu une bourse d'étude que je complétais avec des petits salaires de divers emplois étudiants. Ainsi, j'ai longtemps assuré les études du soir dans les écoles maternelles et primaires, de 16 h 30 à 17 h 30, et animé des groupes de jeunes enfants dans des colonies de vacances, des centres aérés. Le contact et les relations avec les enfants me plaisaient et ces petits boulots alimentaient mon porte-monnaie.

Le baccalauréat en poche, je n'avais pas d'idée précise sur ce que je voulais faire ensuite. Un temps, j'avais envisagé le métier d'infirmière, comme mon amie Annick, puisqu'elle a suivi cette voie, seulement je m'étais rendu compte, lors d'un travail d'été en qualité d'agent hospitalier, que je ne supportais pas la vue du sang. Mon choix s'est ensuite porté sur le métier d'assistante sociale en ce qu'il représentait pour moi une façon concrète d'aider les personnes en difficulté. J'ai donc passé les épreuves de ce concours, il s'agissait de tests psychotechniques. Je n'avais manifestement pas le profil, je n'ai pas été retenue, et avec le recul, je dirais heureusement ! Je me suis finalement inscrite en faculté de droit, ne sachant toujours pas quelle direction prendre. Ce choix a été une révélation : dès les premiers cours, j'ai su que j'avais enfin trouvé ma voie.

Chapitre II
Ma rencontre avec Salvatore

Né le 9 juillet 1956 en Italie, dans un petit village rural au centre de la Sardaigne, Salvatore est l'aîné d'une fratrie de six enfants. Ses parents sont arrivés en France en 1958 et sa famille s'est installée à Saint-Étienne, où son père avait trouvé un emploi dans le bâtiment comme ouvrier, puis conducteur d'engins. Nous résidions dans le même quartier de Terrenoire dans les années 1970, mais nous ne nous fréquentions pas.

J'ai rencontré Salvatore lors de la soirée d'anniversaire d'un ami commun, un samedi soir de novembre 1977. Nous avions quitté la soirée sans prévoir de nous revoir, mais le destin en a décidé autrement. Le lendemain, alors que j'étais allée voir mon frère Patrick jouer au football, Salvatore qui jouait dans le même club se trouvait là aussi. Notre histoire d'amour a commencé ce jour-là.

À l'époque, Salvatore suivait une formation diplômante dans le secteur du bâtiment, en région parisienne. Nous n'étions pas encore dans l'ère du téléphone portable, alors nous nous écrivions quasi quotidiennement et nous nous retrouvions le week-end à Saint-Étienne.

J'ai très vite rencontré sa famille, qui m'a accueillie avec beaucoup de gentillesse. Ma mère l'a adopté lors de sa première visite. Il lui avait apporté des choux à la crème…

Ayant étudié l'italien au collège, au lycée et en faculté, je pouvais même échanger en italien avec ses parents et j'ai noué des liens très forts avec son père, un homme simple, altruiste et d'une gentillesse extrême.

À l'issue de sa formation parisienne, Salvatore a été embauché en qualité de conducteur de travaux dans une entreprise de BTP stéphanoise. Intelligent, doux, ouvert, drôle, cultivé, s'intéressant à tout, mû, lui aussi, par la volonté de gravir l'échelle sociale, il m'a beaucoup apporté. Nos échanges me rassuraient, m'apportaient sérénité et assurance. Une alchimie était née. Nous avons construit ensemble une vie personnelle et professionnelle passionnante.

Désireux d'avoir des enfants, nous avions décidé d'attendre la fin de mes études pour nous engager comme parents. Nicolas est né le 8 mars 1988. J'ai découvert ma vie de maman sans appréhension et avec bonheur. Pour parfaire cette harmonie, Thomas est arrivé dans notre vie le 24 mai 1991.

Mes études ayant trouvé leur limite à la faculté de Saint-Étienne, je devais m'inscrire à la faculté de Lyon. Il n'y a que quarante minutes de train entre Lyon et Saint-Étienne, mais Salvatore a préféré rechercher un job à Lyon. Ambitieux, il a postulé un poste de cadre lui permettant une évolution de carrière et surtout de nous installer à Lyon où je pouvais me consacrer sereinement à la suite de mes études, jusqu'au concours de l'école de la magistrature.

Nous sommes restés six ans à Lyon, ville d'une dimension différente de Saint-Étienne. C'était l'époque de l'insouciance, des sorties entre amis, l'opéra et les nombreux théâtres agrémentaient nos sorties, le samedi soir, nous aimions flâner sur les quais de Saône et dans le vieux Lyon, avec ses ruelles piétonnes toujours animées, avant de profiter des fameux bouchons lyonnais, restaurants emblématiques de la ville. Le seul reproche que Salvatore ait pu formuler concernant Lyon concernait son club de foot… eh oui, le Stéphanois est vraiment chauvin !

Après avoir gravi les échelons internes dans sa nouvelle entreprise, Salvatore a obtenu un nouveau poste qui l'a conduit à revenir à Saint-Étienne, en tant que directeur d'agence. Il n'appréhendait pas les changements liés à son évolution de carrière, bien au contraire, il s'en nourrissait et tout naturellement, après quelques années, il a créé sa propre entreprise ; il avait alors 35 ans. L'entreprise qui porte encore son nom aujourd'hui a prospéré remarquablement jusqu'en juin 2006 où, pour ses 50 ans, il a saisi l'opportunité de la céder. Il avait besoin de se « calmer professionnellement », disait-il, mais je n'en croyais pas un mot…

À l'époque, Salvatore avait une autre société, dans l'immobilier et parallèlement à la gestion de ses entreprises, il exerçait comme expert judiciaire dans le domaine du bâtiment. Après la vente de sa structure principale et une courte pause, les démons de l'entrepreneuriat l'ont rattrapé, après seulement six mois d'une accalmie professionnelle qui ne lui convenait pas du tout, ainsi que je le subodorais. Lors d'une soirée à la maison, un de nos amis, radiologue, lui a fait part d'un projet, il avait créé avec deux autres médecins une « start up » dans le domaine du sport de haut niveau : BVSPORT. Cette entreprise embryonnaire, mais prometteuse, stagnait depuis sa création et les trois médecins avaient besoin d'aide. Salvatore a pris le contrôle de l'entreprise en 2007, et après l'avoir structurée et développée, il a progressivement entraîné nos deux enfants dans cette aventure entrepreneuriale.

Après des études en génie mécanique et un master en gestion de la production, s'agissant de l'aîné, et un master en marketing et communication, s'agissant du cadet, nos enfants ont accepté de relever un défi et prendre la succession de leur père. Depuis quelques années, ils dirigent et développent l'entreprise qui est devenue à ce jour une marque internationale reconnue comme leader de son marché. Nicolas et Thomas ne seront pas magistrats, ils ont hérité de la bosse des affaires de leur père.

Chapitre III
La révélation

Étudiante en première année à la faculté de droit de Saint-Étienne, j'ai eu la chance de suivre un stage d'une semaine chez un juge pour enfants au tribunal de la ville. Cette courte incursion dans le monde judiciaire m'a permis de découvrir le métier de juge et j'ai tout de suite été séduite.

Le tribunal, avec ses majestueuses colonnes, l'atmosphère de l'immense salle des pas perdus, les salles d'audience à l'architecture remarquable, les magistrats et leurs différentes fonctions… il m'est vite apparu évident que je deviendrais juge.

Au fil des quatre premières années, j'ai étudié avec beaucoup d'intérêt toutes les facettes du droit et obtenu avec succès mes diplômes de fin d'année. En 1983, à l'issue de ce cursus universitaire, j'ai quitté la faculté de Saint-Étienne pour celle de Lyon où je me suis inscrite au Diplôme d'études approfondies en droit pénal et sciences criminelles (master deux, actuellement) et à l'Institut d'études judiciaires, pour préparer le concours de la magistrature. Cette année-là, j'ai réussi avec mention le DEA, mais échoué à l'oral du concours d'entrée à l'école nationale de la magistrature. Malgré d'excellentes notes dans les matières juridiques, la partie orale du concours s'est mal déroulée. Le manque de confiance en moi me jouait encore des tours.

Au programme de ce concours figurent, outre tous les sujets de droit étudiés depuis la première année de faculté, qu'il fallait réactualiser, les épreuves de note de synthèse, de langue étrangère, des épreuves sportives et surtout, une épreuve de culture générale appelée

« grand oral ». Cette épreuve, crainte par tous les candidats, bénéficie du coefficient le plus élevé de l'ensemble des matières. En définitive, l'exercice est déterminant, car il départage les candidats qui ont tous un excellent niveau en droit. Cette épreuve n'est pas seulement destinée à faire étalage de sa culture, mais à évaluer les aptitudes des candidats à intégrer le corps de la magistrature. Elle se déroule dans un amphithéâtre avec une mise en situation stressante.

L'épreuve dure 40 minutes, en présence du public. L'impétrant est placé face à un jury de sept membres qui vont chacun leur tour questionner ou plutôt « torturer » le candidat en passant du coq à l'âne, navigant entre la science et l'histoire, l'impressionnisme et les peintres japonais ou encore l'astronomie et l'industrie…

Je me souviens d'un candidat particulièrement brillant, intarissable sur de nombreux sujets, il dissertait avec maîtrise sur la Révolution française quand l'un des membres du jury l'a interrompu :

— Je vois que vous maîtrisez parfaitement l'histoire française, mais maintenant, parlez-moi du soleil !

Le candidat ne s'est pas laissé démonter, après avoir abordé brillamment l'astronomie, l'aspect scientifique de l'astre solaire, le mythe d'Icare, il a ramené à son avantage la discussion en évoquant le symbolisme lié à la fonction royale de Louis XIV pour revenir à louis XVI, et très habilement, parachevé son exposé initial sur la Révolution française. Je me souviens même avoir entendu quelques applaudissements dans le public… Salvatore était présent dans l'amphi ce jour-là, il a assisté au déroulement des épreuves de quelques candidats et compris que l'épreuve s'inscrivait dans une dynamique qui relève davantage de l'entretien individuel de recrutement que de l'oral d'un concours. Il m'a proposé de m'inscrire à un stage d'entraînement intensif à l'expression orale. Je me suis ainsi retrouvée à l'école de commerce de Lyon, à Écully, filmée, enregistrée et coachée, en compagnie de cadres de grandes entreprises. J'ai pu constater l'évolution de mon assurance et la maîtrise de mon stress.

J'étais consciente de mes lacunes et du fait que le concours nécessitait une préparation irréprochable, cette année-là, plus de

2000 candidats s'étaient présentés pour pourvoir 210 postes, je devais donc me présenter avec un maximum d'atouts en main. Je maîtrisais parfaitement les matières juridiques, il me fallait néanmoins gagner en assurance et étendre mes connaissances en matière de culture générale. Ce concours, je ne l'ai pas passé toute seule…

Maman et Salvatore m'ont entourée et aidée à le préparer à nouveau. Maman a passé des journées à lister sur des feuilles bristol, les écrivains, les musiciens, les peintres, les capitales du monde entier… Salvatore a enregistré sur des cassettes audio des résumés d'histoire, des faits d'actualité… que j'écoutais le soir avant de dormir. Le week-end, nous étions au stade où il m'entraînait aux 300 mètres, 60 mètres, au lancer de poids et au saut en hauteur, chaque point gagné était bon à prendre. J'étais fin prête pour affronter le grand jury ! C'est dans ces conditions qu'en décembre 1985, j'ai réussi le concours en me classant honorablement 33e.

Une nouvelle voie s'ouvrait.

Chapitre IV
Le temps de la formation et des rencontres improbables

En janvier 1986, j'ai intégré l'École Nationale de la Magistrature dont le siège se trouve à Bordeaux. La scolarité a duré deux ans avec, il convient de le dire, un nécessaire relâchement durant les premières semaines après des années de bachotage et de stress.

La formation théorique qui dure plusieurs mois se déroule à Bordeaux, ville magique par son histoire, sa culture, son ambiance, son climat et la proximité des plages.

Je rentrais à Lyon environ une fois par mois avec Philippe, un copain de promo, c'était une véritable expédition, nous effectuions le parcours qui durait environ 9 h avec sa 2 chevaux, mais toujours dans la bonne humeur. Philippe adorant la musique classique, moi, un peu moins, n'oubliait jamais son radiocassette et ses enregistrements pour nous accompagner.

Mon époux me rejoignait certains week-ends en avion et on découvrait avec intérêt la région bordelaise, son patrimoine architectural et culturel, sa gastronomie, ses caves, ses exploitations viticoles.

Résidant à Lyon, j'ai effectué la partie pratique de ma formation au tribunal de Lyon, lequel, à l'époque, siégeait dans le même bâtiment que la cour d'appel, le palais de justice historique orné en façade de ses vingt-quatre colonnes corinthiennes (les 24 heures d'une journée), est installé de façon imposante sur les bords de la Saône depuis le 19e siècle.

Cette immersion dans ce palais de justice majestueux dont le décor intérieur a été classé monument historique m'a permis de découvrir toutes les fonctions du magistrat.

Notre formation comprenait également des stages en entreprise et des incursions en maisons d'arrêt, dans des commissariats, dans des cabinets d'avocats et d'huissiers de justice.

Dans le programme de notre formation théorique, par groupes de cinq auditeurs, nous devions choisir un thème de mémoire à présenter en fin de scolarité. Divers sujets étaient proposés, parmi lesquels « justice et médias ». Pour plancher sur ce sujet, nous disposions d'une caméra qui nous permettait de fixer sur un support numérique le fruit de notre réflexion ainsi que les entretiens que nous organisions avec des magistrats en exercice, des avocats et des journalistes.

C'est dans le cadre de ce travail que nous avons pu rencontrer Frédéric Pottecher, personnage médiatique à l'époque, auteur, scénariste, journaliste et surtout grand chroniqueur judiciaire, qui a couvert de nombreux procès tels que les affaires Pétain, Besnard, Dominici, Ranucci, Barbie…

Grâce à ses talents et son expérience de comédien, il maniait l'art de donner le ton juste aux voix des protagonistes des affaires qu'il relatait, et même d'imiter leur voix. Je me souviens de ses commentaires quelquefois agrémentés de réflexions comme : « la justice, ce n'est pas de la science, c'est un art, celui de rechercher la vérité ».

Cette rencontre avec Frédéric Pottecher s'est déroulée un après-midi de mai 1986, dans son appartement parisien. Il a accepté de nous recevoir avec beaucoup d'enthousiasme, et de répondre à nos questions face à la caméra. Nos échanges ont duré plusieurs heures. Tout en caressant le chat qui dormait, imperturbable, sur ses genoux, il a évoqué ses relations avec les acteurs du monde judiciaire, ses idées sur les affaires judiciaires qui le passionnaient.

Il s'est beaucoup étendu (hors caméra) sur l'affaire Grégory, ce jeune garçon assassiné en octobre 1984, affaire qui a défrayé la chronique durant de nombreuses années et encore aujourd'hui. Il nous a même livré sa théorie sur l'auteur présumé de cet assassinat, version que je ne dévoilerai pas, cette affaire faisant partie des *cold case* non définitivement jugés.

Ce dossier est également révélateur des dérives que peut engendrer une surmédiatisation des affaires judiciaires. Dans la course à l'audience et au sensationnel, on assiste en effet de plus en plus à la violation des secrets de l'instruction, à des atteintes à la vie privée et à la présomption d'innocence, et même à la propagation de rumeurs.

Les relations entre la justice et les médias ont toujours été complexes. La difficulté réside dans la recherche de l'équilibre fragile entre le principe fondamental du droit à un procès équitable, lié à l'exigence de l'indépendance de la justice, et le principe de la liberté d'information et d'expression de la presse.

Si, à l'époque des chroniques de Frédéric Pottecher, les caméras étaient interdites dans les prétoires, dans le souci de préserver le procès des pressions externes de l'opinion publique, une exception a été votée par la loi Badinter du 11 juillet 1985 « lorsque l'enregistrement d'un procès présente un intérêt pour la constitution d'archives historiques de la justice », sa diffusion étant soumise à autorisation. Le procès de Klaus Barbie a été le premier procès filmé, suivi d'autres concernant notamment Paul Touvier et Maurice Papon. Klaus Barbie, recherché pendant de nombreuses années pour crimes contre l'humanité, a été retrouvé en 1972 en Bolivie sous l'identité de Klaus Altmann, mais il bénéficiait alors de protections au plus haut niveau de l'état bolivien. Il a fallu attendre février 1983 pour obtenir son extradition vers la France.

Mis en examen pour crimes contre l'humanité et placé en détention provisoire par un juge d'instruction lyonnais, il a été d'abord incarcéré à la prison de Montluc, à Lyon, à l'endroit même où il avait sévi plusieurs décennies plus tôt, avant d'être transféré à Saint-Paul/Saint-Joseph, prisons historiques du vieux Lyon où je l'ai rencontré lors de mon stage en maison d'arrêt. Saint-Paul et Saint-Joseph étaient deux prisons construites entre 1830 et 1865, reliées entre elles par un tunnel.

Klaus Barbie bénéficiait d'un statut particulier au regard de ses problèmes de santé et de la nature des crimes qui lui étaient reprochés, il était isolé du reste de la population carcérale afin d'assurer sa sécurité. Le sous-directeur de l'établissement le visitait chaque jour et engageait parfois des discussions avec lui ; à deux reprises, je me suis trouvée dans sa cellule au cœur de leurs échanges qui m'ont laissé un sentiment amer de dégoût. Ce vieil homme, qui s'exprimait parfaitement bien en français, n'avait qu'un seul regret, celui d'avoir perdu la guerre ! Il n'a jamais exprimé, y compris au cours de son procès, la moindre empathie pour les milliers de ses victimes.

Il a été jugé par la cour d'assises du Rhône à Lyon, du 11 mai au 4 juillet 1987, et condamné à la réclusion criminelle à perpétuité.

Auditrice de justice en stage à Lyon, j'ai pu suivre les débats et la caméra sur l'épaule, filmer une partie de ce procès historique, dans la mesure où ce sujet rentrait dans le cadre du mémoire que j'avais choisi. C'était pour moi une expérience unique et passionnante.

J'ai le souvenir d'une autre découverte étonnante dans cette même prison : les tableaux et œuvres réalisés par Didier Chamizo, peintre contemporain considéré comme l'un des précurseurs du *street art*. Après avoir suivi des cours du soir à l'école des Beaux-arts de Saint-Étienne, il a commencé à peindre et à exposer ses œuvres.

Condamné et incarcéré à plusieurs reprises, notamment dans les prisons de Lyon de 1986 à 1991, il a continué de peindre et partagé sa passion avec d'autres détenus. Il a contribué à la création d'un atelier de peinture et participé à la réalisation d'une fresque d'une centaine de mètres recouvrant les murs du souterrain reliant les deux prisons. Il a cédé un certain nombre de ses toiles à l'administration pénitentiaire, que j'ai pu observer lors de mon stage.

Impliqué dans l'amélioration des conditions de détention, il a également redonné vie au magazine « L'écrou », écrit par les détenus sur leur vie en détention.

Les deux prisons de Lyon, devenues au fil du temps insalubres, avec des conditions de détention déplorables, ont cessé d'accueillir des détenus en 2009. Les peintures de Chamizo sont toujours présentes dans le tunnel qui est devenu aujourd'hui une galerie ouverte aux visites. On peut dire que sa réinsertion est une réussite.

Ces rencontres improbables m'ont laissé des souvenirs aussi troublants que formateurs.

J'ai vécu ces deux années d'apprentissage avec passion et intérêt. Ma formation arrivant déjà à son terme, il me fallait réfléchir à mon premier poste. Le processus de nomination d'un magistrat passe par la diffusion par la direction des services judiciaires d'une « transparence », c'est-à-dire la liste des postes vacants et des candidats. Concrètement, à la sortie de l'école de la magistrature, les auditeurs de justice choisissent leur première affectation sur la liste des postes visés par la transparence et au fil de leur évolution de carrière, les mouvements des magistrats s'effectuent de la même façon. J'étais enceinte de mon premier enfant, Nicolas, il me fallait trouver un poste proche de mon lieu de résidence.

Chapitre V
Mon premier poste : juge d'instance

En janvier 1988, j'ai été nommée sur mon premier poste en tant que juge d'instance au Puy-en-Velay, ville à taille humaine, joyau patrimonial situé sur le chemin de Saint-Jacques de Compostelle au cœur du Massif central. J'ai choisi cette juridiction pour sa proximité avec mon lieu de résidence. En fin de scolarité, les magistrats choisissent leur affectation sur la liste des postes vacants et en fonction du classement de sortie de l'école. Assez bien classée, j'ai pu obtenir ce poste près de Saint-Étienne.

Un magistrat est nommé par décret du Président de la République et sur avis du conseil supérieur de la magistrature et pour son premier poste, il prête le serment suivant : « Je jure de bien et fidèlement remplir mes fonctions, de garder fidèlement le secret des délibérations et de me conduire en tout comme un digne et loyal magistrat. »

Lors de leurs changements de fonction ou de tribunal, les magistrats sont « installés ». L'installation est une tradition qui remonte à 1254, elle représente l'engagement de remplir leurs missions de manière exemplaire et de respecter en tout temps les règles morales et juridiques. Il s'agit d'une cérémonie solennelle ponctuée de grands discours en présence des personnalités locales. Les magistrats, revêtus de leur tenue d'apparat, accueillent leurs nouveaux collègues ; les toges, les gants blancs et autres hermines sont de sortie, fort heureusement, contrairement à nos collègues anglais, nous avons en France échappé à la perruque au profit d'un couvre-chef décoratif que nous ne portons jamais, mais bien plus tard je lui ai trouvé une fonction. J'y reviendrai.

À ce premier poste, je ne suis pas arrivée toute seule : comme me l'a fait remarquer le président du tribunal lors du cocktail, en fin de cérémonie, j'étais enceinte de Nicolas et cela se voyait.

Le juge d'instance d'une petite juridiction comme celle du Puy-en-Velay préside et juge seul les affaires évoquées en audiences civiles (les petits conflits de voisinage, bornage…) et en audiences pénales (faits de violences légères, infractions au Code de la route…) ; il préside le tribunal paritaire des baux ruraux (conflits entre bailleurs et preneurs), il départage certaines décisions du conseil de prud'hommes, il exerce également les fonctions de juge des tutelles majeurs et mineurs. C'est une fonction qui permet de se former à tous les aspects de notre métier et notamment la conciliation.

Le juge d'instance a pour mission première (en tout cas, c'était le principe en 1988) de concilier les parties afin d'éviter un procès et pour ce faire, il effectue des « transports » et des constatations sur les lieux de litiges.

Dans ce cadre, j'ai sillonné la campagne, effectué des mesures entre des propriétés avec des experts géomètres, écouté les doléances de voisins en conflit, désamorcé des situations contentieuses…

Si certaines affaires sont émouvantes ou dramatiques, je garde en mémoire une affaire plutôt drôle. Dans une salle d'audience pleine, j'ai fait appeler le plaignant, un petit homme assez difforme qui se plaignait que le costume de marque qu'il avait acheté en solde après l'avoir fait dépareiller et retoucher ne lui convenait pas. Il demandait à être remboursé par le commerçant. L'ayant apporté, il a décidé de l'enfiler pour nous démontrer le bien-fondé de ses prétentions. Avant que je puisse réagir, il s'est mis en slip, provoquant l'hilarité en même temps qu'une évidente stupéfaction m'amenant à suspendre l'audience, le temps qu'il termine son striptease. L'affaire en est restée là, car nous n'avons pas réussi à trouver de conciliation, mais il a finalement renoncé à engager une procédure.

J'ai le souvenir de m'être déplacée avec mon greffier en centre-ville du Puy-en-Velay pour vérifier la synchronisation de feux tricolores. L'infraction d'être passé au feu rouge, reprochée au contrevenant cité devant le tribunal de police, était contestée. J'ai dû lui donner raison : il y avait bien une mauvaise synchronisation des feux. Si je ne m'étais pas déplacée, la parole du policier (de bonne foi) l'emportait, et j'aurais été obligée de donner tort à l'automobiliste incriminé.

Les fonctions de juge d'instance sont variées, formatrices et passionnantes, elles s'exercent au plus proche des justiciables. Le juge d'instance était autrefois appelé juge de paix, je trouve que cette expression était plus intelligible pour le commun des mortels, ce poste devrait être recommandé aux jeunes magistrats en début de carrière.

Les magistrats français sont soumis à une obligation statutaire de mobilité géographique, de laquelle dépend leur évolution de carrière. Après un peu plus de deux années d'expérience au tribunal du Puy-en-Velay, je souhaitais me rapprocher de ma famille à Saint-Étienne et exercer des fonctions pénales. Un poste de juge de l'application des peines au tribunal de Saint-Étienne était susceptible d'être vacant, j'ai naturellement candidaté.

Chapitre VI
Juge de l'application des peines

Fin 1988, Salvatore et moi avons fait l'acquisition d'un terrain et fait construire notre maison à l'Étrat, une commune proche de Saint-Étienne. Nous y avons vécu jusqu'en 2000. Nous nous sentions bien à Lyon, mais ce retour aux sources était dicté par le rapprochement familial et par l'évolution de carrière de Salvatore qui a saisi l'opportunité de prendre la direction d'une agence de son groupe à Saint-Étienne.

Vaste métropole de 400 000 habitants, née de l'exploitation du charbon et de la métallurgie, Saint-Étienne a longtemps été connue comme une ville noire, mais elle s'est engagée dans un vaste programme de transition et de modernisation, elle s'impose désormais comme une ville du design classée au patrimoine de l'UNESCO où il fait bon vivre.

Lors de notre installation à l'Etrat en janvier 1989, nous avons fait connaissance des voisins d'en face, Françoise et Marc, qui emménageaient en même temps que nous. Ils sont très vite devenus des amis. Marc est kiné, Françoise, médecin généraliste, médecin légiste, médecin expert et… parachutiste, sport extrême, que Françoise et Marc pratiquaient à haut niveau et dont ils partageaient la passion avec mon époux. Nous nous retrouvions souvent le soir et pouvions discuter des heures en refaisant le monde. Du même âge que nous, ils ont eu trois garçons. Le dernier a l'âge de mon aîné.

À cette période, en septembre 1990, j'ai été nommée juge d'application des peines (JAP), à Saint-Étienne. Une fonction passionnante que j'ai exercée dix ans. Je participais également aux audiences pénales et civiles.

Le JAP a pour mission de déterminer les conditions d'exécution des peines prononcées par les juridictions pénales, qu'il s'agisse d'emprisonnement ferme ou de peines alternatives telles que le sursis avec mise à l'épreuve et les travaux d'intérêt général. Si la nature et le quantum des peines pour chaque infraction sont fixés par la loi, les peines sont décidées par les juges au regard de divers critères, eux aussi édictés par la loi : la gravité des faits, les circonstances de leur commission, la personnalité de l'auteur, ses garanties de réinsertion, le risque de récidive. Une fois que la peine est prononcée, elle n'est pas forcément exécutée dans son quantum. Les modalités d'exécution des peines doivent elles aussi être individualisées. Le JAP est investi de cette mission.

Cette fonction implique des contacts avec les détenus, le personnel pénitentiaire, les éducateurs du Service pénitentiaire d'insertion et de probation (le SPIP), les psychologues et psychiatres…

Les décisions relatives aux réductions de peines, aux permissions de sortir, au placement sous surveillance électronique et en semi-liberté, sont prises au sein d'une commission d'application des peines présidée par le JAP, qui recueille les avis du corps médical, du directeur de la prison, du surveillant-chef et des conseillers SPIP.

Une peine est nécessairement punitive, mais elle doit aussi permettre la réinsertion de la personne condamnée, pour limiter le risque de récidive. Au cœur de tout cela, il y a l'humain : le droit à une seconde chance, la prise en compte du travail d'introspection manifesté par le condamné, les gages de réadaptation dans la vie sociale…

Libérer un condamné de façon anticipée est une décision difficile à prendre. Le juge doit, sans jamais oublier la souffrance et le traumatisme subis par les victimes, évaluer, mesurer les risques de réitération des infractions. Une sortie de détention bien préparée contribue à limiter les risques de récidive. Le risque zéro n'existe cependant pas.

Les « rechutes » sont liées à divers facteurs : mauvaises rencontres, perte d'emploi, famille absente ou non structurante, rupture sentimentale… qui ne peuvent pas être anticipés et maîtrisés.

J'ai le souvenir d'entretiens avec des condamnés convaincus de ne jamais recommencer, ils en étaient tellement persuadés qu'ils pouvaient en être convaincants.

En toute logique, avec ou sans remise de peine, avec ou sans libération anticipée, un condamné retrouvera la liberté un jour, autant limiter au mieux les risques de récidive. Il faut parfois faire preuve d'audace et d'imagination pour trouver des solutions adaptées au profil des délinquants.

Dans les années 1986, une collaboration entre les autorités judiciaires et militaires a permis à de nombreux mineurs et jeunes majeurs délinquants de participer à des stages appelés « Jeunes en équipe travail » (JET). L'objectif était d'immerger ces jeunes, en rupture familiale et sociale et sans formation, dans un cadre semi-militaire afin de leur apprendre le respect, l'entraide, le civisme, le sens du travail (mettre son réveil le matin, faire son lit, se mobiliser autour d'un projet professionnel ou une formation…).

Les jeunes volontaires étaient sélectionnés au regard de leur personnalité, leur parcours, leurs antécédents judiciaires et leur engagement exprimé de mettre fin à leurs actes de délinquant. Ces stages de rupture, qui duraient trois à quatre mois, étaient suivis par une prise en charge du jeune durant deux ans.

Cette expérience, qui a fonctionné pendant de nombreuses années, a été abandonnée dans les années 2010 en raison du « manque d'effectifs disponibles des armées depuis la professionnalisation et du coût associé et de la faiblesse des résultats obtenus ».

Si, parmi les jeunes délinquants que j'avais sélectionnés, certains ont choisi de poursuivre le chemin de la délinquance, d'autres ont pris une autre voie. Et si ce type d'expérience permet de « sauver », ne serait-ce qu'un jeune sur quatre, j'estime que l'on ne doit pas y renoncer.

Dans la même optique, un soir de juin 1992, une idée a été lancée autour d'un café, partagée avec mon mari et des amis, tous parachutistes. Françoise nous a parlé d'un stage organisé à Paris quelques années auparavant pour des délinquants incarcérés. La réinsertion par la pratique d'un sport à haut risque, se démarquer, se distinguer par d'autres actes que la délinquance… Pourquoi pas à Saint-Étienne ? Nous avons réfléchi à l'organisation concrète, la recherche de financements et de partenaires, les conditions de faisabilité, le club de paras, leur engagement… Il est rapidement apparu que nous devions nous limiter à huit détenus. Nous avons réfléchi à leur sélection, nos critères étant vite définis : j'ai choisi des condamnés dont le casier judiciaire n'était pas trop chargé, qui travaillaient au sein de la maison d'arrêt et bénéficiaient ainsi d'un salaire, ce qui leur permettait de financer une partie du coût. Naturellement, ils devaient être volontaires et passer un examen médical d'aptitude.

Il fallait obtenir des subventions et une aide logistique. Côté partenaires, nous avons réussi à impliquer la mairie de Saint-Galmier, qui abrite le club de parachutisme proche de Saint-Étienne et qui a mis à disposition un bâtiment où allaient être logés les stagiaires ; la direction départementale de la Jeunesse et des Sports a délégué un éducateur sportif, l'administration pénitentiaire a missionné deux surveillants ; ces encadrants participaient également aux préparations et aux sauts.

Nous avons sélectionné sept détenus correspondant aux critères. Certains arrivaient au terme de leur peine, les autres, à mi-peine, étaient admissibles à une libération conditionnelle. L'idée était de suivre ensuite leur évolution durant trois ans pour mesurer l'impact de ce stage sur leur vie professionnelle et personnelle.

Le stage a été encadré bénévolement par les parachutistes de Saint-Galmier, qui ont tous pris une semaine de vacances pour s'y consacrer. Au jour J, les stagiaires sont arrivés sur le terrain. Je n'avais jamais sauté en parachute, j'ai suivi la formation avec eux : comment sortir de l'avion, gérer sa peur, atterrir… Nous étions tous inquiets, la formation est longue, stricte, relativement stressante, cela nécessite pour les stagiaires et les formateurs de passer pas mal de temps ensemble.

Le monde du parachutisme est très familial et toute personne ayant effectué un 1er saut fait partie de la famille. Chez les paras, le tutoiement est de rigueur et dans l'avion, je n'étais plus madame la juge, mais Annick, c'était… irréel !

Quitter un avion en plein vol n'est pas quelque chose de naturel et il a même fallu une fois ou deux aider un stagiaire hésitant à sauter. Un détenu avait même demandé à Françoise :

— Madame, vous êtes sûre que nous aurons un vrai parachute ?

Le deuxième jour, il y a eu un accident qui aurait pu être extrêmement grave. David, un des condamnés stagiaires (qui n'avait pas été poussé), n'a pas accompli les bons gestes à la sortie d'avion, son parachute s'est mis en torche. Ayant sauté juste derrière lui, j'ai immédiatement constaté l'anomalie, le parachute n'était pas ouvert complètement et le pauvre David tournoyait comme une toupie. La panique m'a envahie, à la vitesse où il descendait, il avait très peu de chance de s'en sortir indemne. Heureusement, si le parachute était en torche, il était tout de même partiellement ouvert ce qui ralentissait considérablement la vitesse de chute, de plus il avait plu, le sol était mou, gorgé d'eau, ce qui a permis d'amortir le choc. Il a été immédiatement évacué par un hélicoptère qui se trouvait par hasard sur la zone. *Happy end*, notre miraculé s'en sortait avec quelques bleus aux fesses et de bonnes courbatures.

Nous voyant entrer, Françoise et moi, dans sa chambre à l'hôpital, il a demandé si ce saut compterait ou pas dans les quatre sauts qu'ils devaient effectuer. Il espérait que non, regrettant que celui-ci ait ainsi avorté et l'ait privé des sensations de planer dans les airs.

Le lendemain de cet incident, nouveau coup de stress. René, un des surveillants pénitentiaires, ancien parachutiste, a embarqué avec trois des stagiaires, nous savions qu'il devait sauter en premier. Nos stagiaires se sont posés sans difficulté, comme des pros, en même temps que le parachute de René… mais sans lui ! Avait-il voulu rivaliser avec David ? Il s'est finalement posé peu après, comme une fleur, avec son parachute de secours, ayant largué l'autre qui se dépliait mal.

L'attention et l'écoute de ces stagiaires par rapport aux encadrants ont été remarquables et soulignées par les instructeurs. Le soir, Françoise et moi, et nos maris, nous nous retrouvions au club, ainsi que nos enfants, qui jouaient au football avec les formateurs sportifs, les surveillants et les stagiaires, dans une ambiance familiale. Nous faisions également du vélo. Nous allions chercher les plateaux-repas à la maison d'arrêt.

Nous devions plier nos parachutes après les sauts, c'est très long, puis nous partagions ces moments de convivialité avec nos enfants, nos conjoints. Le substitut du procureur a aussi sauté avec nous. Et comme tout reposait sur moi, j'ai perdu cinq kilos durant cette semaine, entre le stress du risque d'évasion, d'accident et la peur de sauter. Pour moi, ça a été une expérience inoubliable. Finalement, était-ce une réussite ? Oui, le bilan est extrêmement positif pour la majorité des stagiaires.

Je les ai convoqués tous les sept après le stage, à des moments différents. De façon tout à fait naturelle, nous avons repris le vouvoiement, dans mon bureau. Sur ces sept stagiaires, à ce jour, deux ont récidivé, dont l'un est mort d'overdose. J'ai revu l'autre en détention et il était très, très mal à l'aise face à moi, il avait trahi ma confiance, il n'avait pas su saisir la perche que nous lui avions tendue.

Il me faut ici souligner l'engagement de mon époux, alors chef d'entreprise dans le BTP, en tant que parachutiste lui-même, il a tout d'abord participé à l'opération d'encadrement des stagiaires, puis il a embauché quatre des sept participants. L'un d'eux travaille toujours dans l'entreprise, il est marié et père de plusieurs enfants. Deux stagiaires sont partis vivre en outre-mer. J'ai eu des nouvelles récentes de David, qui m'a écrit pour m'informer qu'il vivait dans la région stéphanoise, qu'il était marié et père de famille, il me remerciait de lui avoir offert cette chance de se construire une vie stable. Je crois beaucoup aux vertus du sport et de ce genre d'activité dans une démarche de réinsertion.

La fonction particulière de médecin légiste

Françoise nous a lancés dans cette aventure en évoquant un précédent stage organisé à Paris. Elle et moi échangions beaucoup sur nos vies personnelles, mais aussi professionnelles. Elle était passionnée par son métier de toubib et par la médecine légale. Je me souviens d'une conversation au cours de laquelle mon amie m'a confié qu'à l'âge de 5 ans, elle savait qu'elle serait médecin et parachutiste ! Bon, elle est les deux… Mais pourquoi la médecine légale ? lui ai-je demandé. Elle m'a répondu ce qui suit.

« Le médecin légiste occupe un rôle primordial dans les affaires criminelles. Il est en premier lieu le médecin des vivants, il devient le médecin des morts lorsqu'il fait le choix de se former à la pratique de la médecine légale afin de mettre ses connaissances, son expérience et son expertise au service de la justice. »

Il est fait appel au médecin légiste lorsqu'il est découvert un corps dont le décès paraît suspect. Il se déplace alors sur les lieux à la demande du procureur, sa mission étant de faire toutes constatations médico-légales avant que le corps ne soit transporté à l'Institut médico-légal.

Il examine la scène de crime, effectue avec l'assistance des techniciens d'identification criminelle (TIC) tous les prélèvements utiles. L'autopsie du corps est en général réalisée dans les heures qui suivent.

Selon les cas, cette opération permet de révéler et/ou de confirmer l'identité de la victime, notamment avec des comparaisons dentaires, des clichés radiographiques du squelette… L'examen médico-légal a également pour but de connaître les causes du décès, l'heure ou la date de la mort, qui sont des éléments factuels importants pour l'enquête.

Les prélèvements effectués sur le corps peuvent révéler la présence d'un ou plusieurs profils génétiques pouvant être exploités. Une victime qui se défend peut en effet conserver sous les ongles ou sur le corps l'ADN de son agresseur.

L'expertise du médecin légiste est sollicitée lors des opérations de reconstitution, sa mission étant de donner son avis notamment sur la compatibilité des déclarations du mis en examen.

À l'instar de tous les experts intervenus dans le cadre des investigations, il est cité devant la cour d'assises afin d'exposer et développer ses conclusions.

« Nous allons entendre le docteur Rosati, monsieur l'huissier, cet expert est-il arrivé ? »

L'expert se présente à la barre :

« Veuillez décliner vos nom, prénom, âge, adresse et qualité, vous jurez d'apporter votre concours à la justice en votre honneur et en votre conscience, levez la main et dites : je le jure… » Toujours la même introduction devant la cour d'assises…

« Je suis Françoise Rosati, j'ai 64 ans, je suis médecin légiste, expert près la Cour d'appel de Lyon, mon cabinet siège à Firminy… et je le jure… »

« Nous vous écoutons », reprend le président de la cour.

Le passage devant la cour d'assises, toujours impressionnant, est le point d'orgue du travail du médecin légiste, la conclusion, mais avant…

« Avant de rencontrer Annick Corona, j'avais déjà un frère magistrat, et j'avais trouvé que la médecine légale était le "pont" idéal entre ces deux mondes s'opposant souvent : la médecine et le droit.

Plus tard, il m'a paru évident qu'il était plus facile de soigner les vivants, en sachant de quoi ils pouvaient mourir… et qu'expliquer clairement aux survivants la cause de la mort de leur proche diminuait un peu leur douleur.

Je suis devenue médecin légiste bien avant "la mode", bien avant la prolifération des séries TV à succès, bien avant le lien Éros et Thanatos du net. À l'époque, la médecine légale était secrète et presque honteuse, parent pauvre de la santé.

Quel est le registre du médecin légiste ? En thanatologie, mort violente, mort subite, mort suspecte… sur les vivants : toutes les violences supportées par un être humain, physiques, psychologiques, sexuelles… »

Quels sont les devoirs du médecin légiste ? Être à la disposition de la justice, en astreinte, 24 h/24, 7J/7, pour intervenir sur place lors de la découverte d'un corps, c'est la levée de corps, le corps dans tous ses états : squelettique, momifié, putréfié, démembré.

L'irruption de la mort inattendue dans la beauté et la simplicité du quotidien… *C'est un trou de verdure où chante une rivière… Il est étendu dans l'herbe, sous la nue… il a deux trous rouges au côté droit…* a écrit le poète. Constatations, repérage des lieux, compatibilité de la position du corps, premières descriptions, premières orientations, hypothèses sur la nature de l'arme du crime, datation, identification.

Puis autopsie en institut médico-légal. Même si la cause de la mort paraît évidente, il convient d'effectuer une autopsie complète avec prélèvements multi-organes, qui permet d'infirmer ou de confirmer des violences étendues dans le temps, fractures anciennes, hématomes profonds ou calcifiés, état dentaire, pathologies dépendantes ou indépendantes des causes de la mort… Tout compte, tout parle, le corps raconte sa vie : tranquille, sportive ou toxique, négligée, aisée ou indigente…

Pour aller plus loin, il y a la biologie, l'anatomopathologie légale, la toxicologie, l'ADN…

Un rendu rapide de rapport circonstancié est obligatoire, à chaque étape, levée de corps et autopsie, puis plus tard, lorsqu'il s'agit d'une enquête criminelle : reconstitution. Pendant la reconstitution, l'accusé tient le plus souvent son rôle, le médecin légiste parle et se positionne comme la victime. Il est intéressant de constater qu'en cas de plaie par arme blanche, la défense de l'accusé est toujours la même : « la victime est venue s'embrocher sur la lame ». Possible, mais il y a le trajet, la profondeur, les plaies multiples qui prouvent le contraire !

Toutes ces étapes du travail de légiste peuvent être lisses et administratives, ou passionnées sur des enquêtes hors norme, lorsque les enquêteurs relancent sur un point précis, le juge d'instruction téléphone pour avoir un avis sans filtre.

Ce travail est de dimension exclusivement humaine, intime, confinant parfois au mystique obsédant, quand l'enquête se transforme en quête : « le corps de cette femme ne restera pas anonyme, j'écrirai son nom sur sa tombe ! »

« Travailler avec des magistrats passionnés comme Annick Corona m'a permis d'atteindre un véritable dépassement de mes compétences et une dimension philosophique de mon humble fonction… »

Nous avons planché avec Françoise sur de nombreuses affaires criminelles ; dans l'une d'elles, Françoise a été décisive dans l'enquête :

Une défunte sans identité. Quand le médecin légiste mène l'enquête…

À Saint-Étienne, un matin de mars 1998, un corps enfermé dans un sac de sport flottant sur le plan d'eau de Saint-Victor a été découvert par des touristes bretons en visite dans la région. Le corps était celui d'une femme, que l'on nommera Gabrielle, âgée d'environ 70 ans et dont l'autopsie révélait qu'elle était décédée des suites de nombreux coups reçus quelques heures plus tôt. Aucun indice de nature à identifier cette dame n'a été trouvé, ni dans le sac ni aux abords du plan d'eau.

La diffusion de l'appel à témoins auquel était jointe la photographie post-mortem du visage de la victime ne donnait aucun résultat. L'enquête a piétiné pendant deux ans.

Françoise, ayant pratiqué l'autopsie, avait extrait du genou droit de cette femme un clou orthopédique. L'intervention remontait à plusieurs années, mais les matériels orthopédiques sont systématiquement numérotés, cette piste a alors pu être exploitée. À partir du numéro de série du clou, les enquêteurs, en collaboration avec Françoise, ont identifié la société qui l'avait fabriqué, il s'agissait d'une entreprise suisse allemande dont les archives avaient malheureusement brûlé, mais les recherches en comptabilité ont finalement permis de connaître la date à laquelle ce clou avait été facturé au CHU de Saint-Étienne. Ce n'était pas encore gagné ! En 1998, les dossiers hospitaliers n'étaient pas numérisés. Il fallait rechercher, dans les milliers de dossiers papier archivés, celui correspondant à Gabrielle.

Pendant plusieurs mois, en dehors de ses heures de cabinet, Françoise a fait sortir les dossiers médicaux des archives au regard des critères liés à l'âge, au sexe, à la date probable de l'intervention orthopédique… Elle ne s'est pas contentée de vérifier les notes figurant sur la chemise du dossier, car parfois elles ne correspondaient pas aux données médicales. D'ailleurs, Françoise a failli passer à côté du dossier de Gabrielle. Elle avait en effet repéré un dossier où tous les éléments semblaient concorder à l'exception du genou opéré. Il était indiqué une intervention sur le genou gauche alors qu'en ouvrant le rapport, elle a découvert qu'il s'agissait du genou droit. Bingo ! Elle pouvait, à partir de là, retracer les différents intervenants et retrouver le nom et le numéro de téléphone du médecin traitant de Gabrielle. Elle l'a appelé pour savoir s'il avait des nouvelles récentes de sa patiente. Le médecin l'a informé qu'il ne l'avait pas vue depuis plusieurs mois, lui indiquant que Gabrielle était veuve et qu'elle s'était installée chez sa nièce, Fany, seule membre de sa famille.

Françoise a alors communiqué ces informations aux enquêteurs qui se sont déplacés immédiatement au domicile de ladite nièce. Lorsque l'équipe de la « crim' » s'est présentée, Fany a confirmé que sa tante Gabrielle vivait bien chez elle depuis plusieurs années, mais qu'elle se trouvait en visite chez une amie. Invitée à accompagner les enquêteurs au domicile de celle-ci, Fany les a fait tourner en rond pendant plusieurs heures avant d'admettre que Gabrielle était décédée. Elle a alors livré un récit d'horreur.

Cette jeune fille de 30 ans, ayant fait peu d'études, vivait modestement des revenus d'un emploi à temps partiel. Robert, son compagnon, ne travaillait pas et passait ses journées à boire de l'alcool. Gabrielle ne supportait pas cette situation, des disputes violentes éclataient souvent sur la paresse et l'alcoolisation permanente de Robert, jusqu'au jour où celui-ci a frappé à mort Gabrielle. Lorsque Fany est rentrée chez elle ce jour-là, Gabrielle agonisait sur son lit. Fany et Robert ont décidé de se débarrasser de la victime, ils l'ont déposée dans un sac, alors qu'elle respirait encore, avant de jeter le sac dans la retenue du lac de Grangent, près de Saint-Étienne. Depuis, Fany et Robert continuaient de percevoir les pensions de retraite de Gabrielle.

Les deux meurtriers ont reconnu les faits et ont été jugés par la cour d'assises. Grâce à la pugnacité de Françoise, un nom a pu être inscrit sur la pierre tombale de Gabrielle.

Elle avait une cible dans le dos

En plus de ma fonction de JAP, je participais aux audiences pénales comme assesseur dans la formation des tribunaux correctionnels et de la cour d'assises. C'est au cours de l'une de ces audiences de la cour d'assises que j'ai été confrontée à une affaire qui m'a profondément bouleversée.

Les faits se déroulent dans le centre-ville de Saint-Étienne à l'automne 1994. Isabelle, âgée d'une trentaine d'années et mère de deux enfants, dont un bébé, s'effondre à la porte de l'immeuble où elle vient d'emménager avec sa famille. Elle est découverte allongée sur le dos par des passants qui appellent immédiatement les secours.

Les pompiers pensent à un arrêt cardiaque et pratiquent un massage cardiaque en vain. Ce n'est qu'à son arrivée à l'hôpital que les soignants découvrent qu'elle a été atteinte d'une balle dans le dos. Elle était vraisemblablement décédée avant son transport.

Aucun coup de feu n'a été entendu, le témoignage des personnes présentes à proximité de la victime n'apporte aucun indice. L'enquête piétine pendant plusieurs mois.

Isabelle, cadre à la Caisse Nationale de Sécurité sociale, venait de prendre ses fonctions dans une ville où elle ne connaissait personne. Même si aucun mobile ne pouvait être imputé à l'époux, celui-ci a été entendu en garde à vue plusieurs heures afin de connaître son emploi du temps au moment des faits et la nature des relations qu'il entretenait avec son épouse. Cette mesure d'enquête a permis aux enquêteurs d'exclure de façon probante le mari de la liste des suspects.

Aucun précédent n'a été répertorié à Saint-Étienne ou dans sa région et aucun autre fait similaire n'a été enregistré dans les semaines ou mois suivants.

Les investigations sont au point mort lorsque, quatre mois après le meurtre d'Isabelle, le corps d'un jeune homme identifié plus tard comme étant Karim, âgé d'une vingtaine d'années, est découvert dans les bois de Rochetaillée, commune limitrophe de Saint-Étienne. La victime présente deux blessures par arme à feu, l'une superficielle au niveau de l'épaule et la seconde mortelle dans la tête. Les orifices d'entrée de ces munitions démontrent que l'auteur des tirs se trouvait derrière la victime.

Le corps est positionné au pied d'un arbre sur lequel a été clouée une cible de tirs en carton. Si aucune douille n'est retrouvée sur les lieux, une carte nationale d'identité, qui n'est pas celle de la victime, est découverte non loin de la scène de crime, maculée de terre et légèrement dissimulée par des feuilles mortes. Elle appartient à Bouzid, âgé de 22 ans et connu par la police et la justice pour des faits de vols.

Avant de se présenter au domicile de Bouzid, les enquêteurs procèdent à des investigations sur l'environnement et les fréquentations de ce dernier et tout naturellement, la mère de la victime est interrogée. Cette dernière déclare aux policiers que son fils fréquentait un certain Bouzid depuis l'enfance et que celui-ci avait une très mauvaise influence sur son fils. Elle déclare également que Bouzid possède une arme et qu'il organise des séances de tirs dans les bois.

Elle se souvient qu'au cours de l'automne, moment qu'elle situe à la période du meurtre de la jeune femme (cette affaire a suscité l'intérêt des médias), elle a remarqué que son fils n'était plus le même, il s'était muré dans un mutisme inhabituel, il était triste et refusait de se livrer sur son mal-être.

Dans les relations amicales de Karim, plusieurs témoins confirment les déclarations de sa mère sur la nature de ses liens avec Bouzid et le mutisme dans lequel Karim s'était installé.

Un élément de la plus haute importance va orienter l'enquête : les analyses balistiques révèlent que les ogives extraites du corps de Karim ont été tirées avec la même arme que celle ayant servi à tuer Isabelle. Dès lors, les deux meurtres sont reliés et tous les indices mènent vers Bouzid, lequel est interpellé à son domicile. La perquisition ne permet cependant pas de découvrir l'arme du crime.

Placé en garde à vue, Bouzid nie d'abord être l'auteur des deux crimes, nonobstant les éléments à charge qui lui sont présentés. Après quelques heures d'interrogatoire et devant l'évidence des preuves présentées par les enquêteurs, Bouzid passe aux aveux, il décide de dire « la vérité », et son récit est glaçant.

Il était effectivement l'ami de Karim. Ils avaient tous les deux la passion des armes à feu, mais il se défend d'avoir eu la moindre emprise sur son ami. Le jour du décès d'Isabelle, il avait organisé une séance de tirs à Rochetaillée où ils « se sont amusés » une bonne partie de l'après-midi en tirant sur des cibles en carton avant de rejoindre le centre-ville. Arrivés dans la zone commerciale de Centre deux, un quartier de Saint-Étienne, ils se sont arrêtés sur un parking en hauteur dominant plusieurs immeubles. Bouzid a sorti son arme et s'est mis en position de tir, visant le dos d'une personne qui a eu le malheur de porter une veste ornée d'un dessin au centre d'un cercle, dessin ressemblant à une cible. Une déflagration que seuls Karim et Bouzid ont entendue a précédé la chute d'Isabelle, touchée dans le dos ; la munition a atteint le centre de « la cible ».

Karim, choqué par la scène à laquelle il venait d'assister, a quitté les lieux après avoir exprimé sa stupeur et son incompréhension. Bouzid explique que Karim lui en voulait et menaçait de le dénoncer s'il ne le faisait pas lui-même. La crainte de devoir assumer cet acte criminel avait conduit Bouzid à imaginer et planifier un moyen de le faire taire.

Sous prétexte de discuter, Bouzid a convaincu Karim de le retrouver dans le bois et de faire une séance de tirs comme ils en avaient l'habitude. Il promettait qu'il irait se rendre à la police immédiatement après. Cet après-midi-là, comme toujours, Bouzid a apporté son arme, des munitions et des cibles en carton.

Karim n'a pas voulu se prêter à l'exercice, mais a accepté de placer les cibles en carton sur un tronc d'arbre, sans se douter que Bouzid en profiterait pour accomplir son projet criminel. Tandis qu'il clouait le bout de carton à la hauteur que lui indiquait Bouzid, celui-ci l'a visé à la tête, mais Karim a bougé, le tir l'a atteint à l'épaule et il s'est effondré. Alors qu'il était au sol, face contre terre, Bouzid l'a achevé d'une balle dans la tête.

Dans une autre de ses versions, un peu édulcorée, Bouzid avait déclaré que la première blessure à l'épaule infligée à Karim était accidentelle et que c'est pour lui éviter de le voir souffrir qu'il avait décidé de le tuer ! Nous n'avons eu que la version de Bouzid. Que s'est-il vraiment passé dans ce bois ? Karim était-il naïf au point de ne pas avoir anticipé le projet de Bouzid ? A-t-il tenté de se défendre ?

Bouzid s'était débarrassé ensuite de l'arme en la jetant dans un plan d'eau.

Lors de toutes ses auditions, tant devant les enquêteurs que devant le juge d'instruction, il était noté une absence totale d'empathie et d'affect. Mis en examen pour assassinats, il a été placé en détention provisoire. Cet individu agressif et violent méritait amplement d'être mis hors d'état de nuire, et même emprisonné. Dans les jours qui ont suivi son incarcération, il a défiguré un codétenu en lui lacérant le visage de l'oreille à la commission de la lèvre avec un couteau artisanal. Il s'était érigé « en justicier » contre un homme dont il pensait qu'il avait été incarcéré pour un crime sexuel, alors que sa victime avait été emprisonnée pour un tout autre motif. Ce type de criminels agit bien souvent dans le seul but de détruire, comme il l'avait fait au préjudice d'Isabelle et de son propre ami, Karim.

À ce stade, une digression s'impose pour expliquer qu'en prison, il existe une hiérarchie entre les prisonniers : plus on « excelle » dans la criminalité, plus on est reconnu et respecté par la population carcérale. En haut de l'échelle figurent les tueurs de policiers et gendarmes, puis les braqueurs… et tout en bas se trouvent les « pointeurs », terme désignant les personnes détenues pour des crimes ou délits sexuels, dont les pédophiles. Les pointeurs font l'objet de brimades, d'agressions physiques et verbales permanentes, à tel point qu'ils sont en général, lorsque cela est possible, isolés du reste de la population carcérale, dans des quartiers dédiés.

L'agression purement gratuite commise par Bouzid sur son codétenu est révélatrice, non seulement de cet état d'esprit omniprésent en prison, mais aussi de la personnalité antisociale de l'intéressé. Les expertises psychiatriques et psychologiques de cet accusé ont révélé qu'il s'agissait d'un jeune homme ayant eu un parcours de vie tout à fait normal au sein d'une famille « cadrante » et aimante. Jeune adolescent, il avait commencé à « se rebeller contre la société », avait abandonné sa scolarité et s'était installé dans le farniente, malgré les efforts de ses parents pour le remettre sur une voie plus conforme à leurs valeurs.

Les experts l'ayant examiné ont conclu à une personnalité psychopathique se traduisant par un comportement antisocial, très impulsif et destructeur, une indifférence à la souffrance d'autrui et une absence de culpabilité.

Lorsque Bouzid a comparu devant la cour d'assises, deux ans après les faits, son attitude était désarmante. Il n'avait entrepris aucun travail sur son comportement et ses passages à l'acte, ni aucune remise en question. Il n'a manifesté aucune empathie pour ses victimes, cherchant systématiquement, lorsqu'il était interrogé, à minimiser ses actes. Ses parents ont quant à eux exprimé un sentiment de culpabilité d'avoir échoué dans leur rôle, ainsi que leur incompréhension et leur souffrance.

La mère de Karim est venue chercher des réponses : comment pouvait-on tuer un ami de sang-froid ? Pourquoi une telle rage ? Elle a dressé de son fils, le portrait d'un jeune garçon jovial, travailleur, aidant autrui, sans histoire et aimant la vie, cette vie que lui avait ôté l'accusé.

L'époux d'Isabelle a, de façon très digne et émouvante, raconté comment sa vie avait basculé depuis le drame. Isabelle était une jeune femme intelligente, drôle, très ouverte, conciliant sa vie personnelle et professionnelle dans un équilibre parfait. Son absence et les conditions de son décès représentaient une grande souffrance pour ses proches. Elle venait de donner naissance à son deuxième enfant et de réaliser une promotion professionnelle en acceptant un poste à Saint-Étienne, loin de ses racines. Pendant de nombreuses minutes, dans un silence total, le mari a redonné vie à Isabelle.

La plaidoirie de l'avocat représentant les membres de la famille d'Isabelle, rythmée par des propos mesurés, justes et poignants, nous a bouleversés, magistrats et jurés étaient au bord des larmes. Il était difficile de masquer notre charge émotionnelle à l'évocation de ces vies meurtries.

Bouzid encourait la réclusion criminelle à perpétuité, peine qui a été requise par le ministère public. Le conseil de Bouzid a évoqué le jeune âge de son client, l'espoir de le voir évoluer, la seconde chance… Il a été condamné à la peine de trente ans de réclusion criminelle.

Je ne sais pas quel chemin Bouzid a choisi de suivre ensuite, il fallait que je continue de tracer le mien, j'ai alors saisi l'opportunité d'une vacance de poste de substitut du procureur de la République à Saint-Étienne.

Chapitre VII
Substitut du procureur de la République

De septembre 2000 à septembre 2002, j'ai exercé la fonction de substitut du Procureur de la République en charge de la cellule de traitement rapide, en contact téléphonique permanent ou quasi permanent avec tous les services de police et de gendarmerie du ressort.

Les services du procureur de la République sont informés en temps réel de tous les faits graves commis, délits et crimes, en vue d'orienter la procédure et saisir le service d'enquête adéquat : le commissariat de police qui dépend de la Direction départementale de la sécurité publique (DDSP), la Police judiciaire (PJ), la gendarmerie (Brigade de recherches ou Section de recherches). Ils donnent des instructions sur les actes à accomplir : perquisitions, placement en garde à vue, présentation en vue d'une comparution immédiate, ouverture d'une information…

Lorsqu'il s'agit d'un crime de sang, de jour comme de nuit, samedi et dimanche compris, le substitut ou le procureur se déplace, accompagné du médecin légiste et des techniciens de scène de crime.

J'ai vécu, dans le cadre de ces fonctions, des moments forts, au cœur des investigations. Mon rôle consistait à apporter une réponse immédiate et adaptée aux actes de délinquance qui m'étaient présentés par téléphone. Les enquêteurs me faisaient un résumé des faits et des premiers actes d'enquête accomplis. Lorsque je rentrais à la maison le soir, j'avais la sonnerie du téléphone qui résonnait encore !

Ce travail reposait sur une relation de confiance, dans la mesure où je n'avais pas le dossier sous les yeux pour orienter la procédure. S'agissant des infractions les moins graves, elles pouvaient donner lieu à un rappel à la loi, à une citation par OPJ (citation devant le tribunal correctionnel), à un classement sans suite sous condition (indemnisation de la victime, stage de sécurité routière…).

J'ai apprécié le travail remarquable des services de police et de gendarmerie. J'ai également eu la chance d'exercer cette fonction sous l'autorité d'un procureur de la République, Paul Michel, lequel a impulsé durant plusieurs années un véritable travail d'équipe au sein du parquet du tribunal de Saint-Étienne et une dynamique avec les services d'enquête, dans le cadre d'une politique pénale adaptée à l'évolution de la délinquance locale. Il m'a beaucoup appris. Fin procédurier, il incarnait une autorité judiciaire respectée, fiable et intègre.

Je me souviens d'un appel téléphonique un matin de mai 2001 : un des enquêteurs de la crim' m'a informé qu'un crime venait d'être commis à deux pas du palais de justice. À sa voix, j'ai compris que c'était horrible, il avait du mal à m'expliquer la situation tant il était ému et affecté.

Un homme âgé venait de décapiter son petit-fils avec un couteau à pain ! Le jeune garçon de 10 ans était en train de regarder un dessin animé devant la télévision lorsque son grand-père s'est attaqué à lui, manifestement sans raison. Il m'a fallu quelques minutes pour réaliser l'horreur de ces faits. J'avais moi-même deux enfants, dont un de 10 ans.

J'ai quitté mon bureau pour rendre compte de ce crime à mon procureur avant de me déplacer sur les lieux. Paul Michel a immédiatement compris, à l'exposé du récit, que je ne devais pas y aller, il m'a invitée à retourner dans mon bureau et il est allé sur les lieux à ma place. Je lui en ai toujours été reconnaissante.

L'intérêt de ce poste était de pouvoir passer d'une affaire à une autre de plus ou moins grande gravité, de traiter parallèlement une conduite en état alcoolique, un braquage, un refus d'obtempérer… ou un crime de sang. J'ai encore en mémoire le téléphone qui sonne sans interruption et qui résonne encore quand je rentre à la maison, y compris le week-end et la nuit. Mon mari s'en souvient également, il assistait malgré lui aux conversations téléphoniques nocturnes, il interprétait inconsciemment les affaires en me les transcrivant le lendemain.

Outre ces expériences concrètes de terrain, tout au long de sa carrière, le magistrat parfait sa formation avec des stages effectués en dehors des palais de justice. Nous devions effectuer quinze jours de stage chaque année afin de découvrir l'activité des sociétés civiles et commerciales, de l'Assemblée nationale, du Sénat, des grandes entreprises et administrations (SNCF, Opéra de Paris…), des institutions européennes…

L'École Nationale de la Magistrature, en charge de la formation continue, diffuse la liste des stages et sessions, pour lesquels on doit émettre un choix. Cette année-là, j'avais opté pour le stage GIGN, le groupe d'élite de la gendarmerie nationale, qui se déroulait sur la base d'entraînement de Mondésir, dans la région parisienne.

Il fallait un minimum de condition physique pour être sélectionné. Nous étions sept magistrats, trois filles et quatre garçons, à débarquer dans un environnement inconnu, mais ô combien passionnant. L'objectif de ce stage était de nous faire découvrir, non seulement, les conditions de recrutement de ces gendarmes très spéciaux, recrutement très sélectif, tant sur l'aspect physique que psychologique, mais aussi leur entraînement quotidien et leurs missions.

Un préfet ou un magistrat fait appel au GIGN ou au RAID (son équivalent pour la police nationale) lorsque la situation à gérer devient inextricable, face à un forcené, un attentat, une prise d'otage…

Dès notre arrivée, nous avons reçu notre paquetage, un treillis et des rangers, et été affectés dans nos chambrées. Puis, réunion dans la salle de « crise » pour découvrir le programme. Nous allions participer à des mises en situation très proches de la réalité de leurs interventions, bénéficier de conseils de self-défense, nous exercer aux armes à feu…

Les journées étaient denses, sportives et inoubliables. Le second jour du stage, après plusieurs séances de tirs, et une de full contact, nous venions de terminer de déjeuner lorsque nos instructeurs nous ont demandé d'enfiler nos treillis et nos rangers et de les rejoindre au hangar. Ils nous ont fait visiter ce lieu, une usine désaffectée, lorsque trois malfaiteurs cagoulés ont surgi en nous menaçant de leur arme, exigeant que nous leur désignions le plus vieux et le plus jeune du groupe, ce que nous avons fait.

Les désignés ont été conduits manu militari dans une pièce voisine d'où sont provenus plusieurs coups de feu. À ce moment précis, les membres du GIGN nous ont poussés vers une fenêtre à travers laquelle nous nous sommes engagés pour nous retrouver dans une salle minuscule où se trouvait un tunnel. Nous avons filé dans ce trou de souris et devions avancer en rampant jusqu'à la sortie.

Le tunnel était interminable, d'autant que nous devions nous contorsionner, nous placer sur le ventre, puis sur le dos et parfois de côté pour ne pas être coincés. Dans cet exercice, un de mes collègues s'est cassé un doigt.

À la sortie nous attendait une camionnette dont les vitres étaient obstruées par de vieux journaux, et nous voilà partis « à fond la caisse », poursuivis par les malfaiteurs. Le véhicule s'est arrêté au bord d'un étang, qu'il fallait traverser. Aucun des stagiaires ne s'est posé de question, nous avons foncé.

Au premier pas dans l'étang, nous avions de la vase jusqu'au genou, il n'était pas envisageable de nager, impossible de faire autrement qu'utiliser la corde qui était tendue d'une berge à l'autre et d'avancer par la force des bras avec la corde à l'horizontale. Parvenus de l'autre côté, il nous a fallu remonter une rivière dans une eau extrêmement froide, en courant. Enfin, nous étions « sauvés ».

De retour à la base, nous avons retrouvé nos collègues, ceux qui avaient échappé à la course-poursuite, car trop jeune et trop vieux, et le malchanceux qui portait une attelle au doigt. Après la douche chaude réconfortante, j'ai dû jeter mes cigarettes, mon briquet et mes sous-vêtements blancs incrustés de vase. À mon retour, mon époux, en me taquinant sous forme de jalousie humoristique, m'a demandé ce que j'avais vraiment fait de mes sous-vêtements.

Ce scénario parfaitement écrit et orchestré est l'un des nombreux que nous avons vécus tout au long de cette session de découverte. L'organisation de ce stage était remarquable, tant sur le plan de l'accueil que de la logistique ainsi que de l'implication et de la disponibilité de nos encadrants. Nous avons également félicité le cuisinier qui nous préparait d'excellents repas et des gâteaux pour le goûter !

Cette courte immersion dans l'élite de la gendarmerie nous a permis de côtoyer des personnes exceptionnelles, de grands professionnels qui mettent leur vie en danger pour sauver autrui. Il faut parfois faire sortir de l'ombre les personnes d'exception.

Le temps passe très vite. Notre métier est loin d'être un calvaire, mais la sacro-sainte obligation de mobilité géographique nécessaire à une évolution de carrière pointait le bout de son nez…

Depuis le mois de juillet 2000, nous avions emménagé dans une nouvelle maison que Salvatore avait fait rénover. Ancien corps de ferme en pierre de taille, datant du 19e siècle magnifiquement modernisée, cette bâtisse située au sommet d'une colline est bordée de prairies et d'étangs. Notre demeure offrait une magnifique vue sur Saint Étienne que je pouvais contempler depuis mon bureau, elle m'apportait le calme et la sérénité dont j'avais besoin lorsque le travail à la maison devenait pesant. Certaines scènes me reviennent en mémoire quand, durant la pandémie et le confinement, je sortais marcher au bord de l'eau en contemplant au loin quelques chevreuils apeurés. J'étais consciente du privilège que nous avions de pouvoir profiter de cette nature dans ces moments difficiles. Cette maison que nous habitons encore aujourd'hui est un véritable havre de paix où je me sens bien, entourée de mes proches. En accord avec mon époux, j'ai décidé de demander une mutation géographique, mais il n'était pas envisageable que je m'éloigne trop de cet environnement.

Je convoitais un poste de juge d'instruction. Bingo ! Un poste était disponible à Lyon.

Chapitre VIII
Juge d'instruction au cabinet financier à Lyon

Le juge d'instruction est un magistrat dit « du siège » dont la mission est d'investiguer sur des faits délictuels complexes nécessitant « l'accomplissement des actes d'enquête utiles à la manifestation de la vérité ». En matière criminelle, la saisine d'un juge d'instruction est obligatoire. Il ne peut pas s'autosaisir. Il est désigné par le président de la juridiction dans laquelle il est affecté et saisi des faits visés et qualifiés par le réquisitoire du procureur de la République. Lorsque le dossier arrive dans son cabinet, des actes d'enquête ont déjà été réalisés, en général, dans le « délai de flagrance », soit quinze jours après la découverte d'un crime.

Le magistrat instructeur ne travaille pas seul, il choisit un service d'enquête au regard de la spécificité des infractions. Il peut, soit continuer avec le service ayant procédé aux premiers actes d'enquête, soit désigner un service d'enquêteurs plus spécialisés. Les investigations se poursuivent alors dans le cadre de commissions rogatoires.

Le juge d'instruction doit impulser un travail d'équipe et s'impliquer dans les investigations et la recherche de la vérité. La finalité de l'activité de ce magistrat est bien évidemment de résoudre chaque affaire, c'est-à-dire en identifier les auteurs, en recherchant et réunissant tous les indices, les éléments de preuve matérielle, qu'il s'agisse de la téléphonie, des empreintes digitales et génétiques et des témoignages.

De nombreux crimes et délits restent malheureusement non élucidés. Les raisons en sont multiples et principalement l'absence de tout indice ou l'insuffisance de preuves.

Dans les grandes juridictions comme celle de Lyon, le pôle instruction est composé d'une quinzaine de magistrats instructeurs se partageant trois spécialités : les mineurs, les stupéfiants et le contentieux économique et financier. Parallèlement à ces attributions particulières, les juges d'instruction se voient confier, au rythme de leur permanence, les affaires de mœurs (viols et agressions sexuelles), les atteintes aux personnes (meurtres, violences, proxénétisme…), les atteintes aux biens (vol avec arme, extorsions…).

En septembre 2002, j'ai découvert cette nouvelle fonction. Affectée en qualité de vice-présidente de l'instruction au tribunal de Lyon, on m'a confié la charge du contentieux économique et financier, en jargon judiciaire « l'Ecofi ».

J'ai hérité d'un cabinet en charge d'une centaine de dossiers, dont 50 % Ecofi, certains étant en cours depuis de nombreuses années. Il s'agissait d'escroqueries en bande organisée, d'infractions fiscales et douanières, de fraudes bancaires, d'abus de biens sociaux, de détournements de fonds publics…

Ce contentieux peu médiatisé est souvent généré par des délinquants intelligents et ingénieux et socialement bien considérés. Parce qu'elle est difficilement détectable et de plus en plus sophistiquée, cette forme de délinquance nécessite, pour y faire face, des compétences et des méthodes spécifiques d'investigations.

Les délais de procédures très importants, liés à la charge de travail des services de police et de justice, à la baisse des effectifs des services spécialisés, au temps d'attente des rapports d'expertise souvent indispensables, expliquent l'inefficacité ou même l'absence de réponse pénale apportée à ce type d'infraction. Aujourd'hui, les condamnations en rapport avec la législation économique et financière représentent moins de 1 % de la délinquance sanctionnée par les tribunaux.

Initiation œnologique particulière

Une affaire particulière m'a passionnée par sa nature, sa complexité et la personnalité des auteurs suspectés, parmi lesquels, un collègue juge d'instruction. Il s'agissait d'une contrefaçon des vins des hospices de Beaune. La contrefaçon n'est pas à prendre à la légère d'un point de vue économique, elle représente des enjeux financiers importants.

Les vins des hospices des Beaune font partie des appellations les plus prestigieuses. Ces vignobles ont la particularité de provenir de donations ancestrales provenant de certains bienfaiteurs de la région bourguignonne qui léguaient leurs biens aux hospices et qui organisaient chaque année une vente de charité. Cette tradition a perduré.

La récolte est commercialisée au cours d'une vente aux enchères dont une partie est réservée aux bonnes œuvres. Les vins des hospices servent même d'indicateur sur les prix des vins de Bourgogne de l'année.

Nous étions en mai 2003, c'était ma semaine de permanence. J'ai été saisie de cette affaire suite au dessaisissement du tribunal judiciaire de Dijon. Le dépaysement d'une affaire, lorsqu'elle arrive sur le bureau du juge d'instruction, n'est pas une bonne nouvelle, puisque si la juridiction se dessaisit de l'affaire, c'est qu'elle ne se sent pas légitime ou que son impartialité pourrait être remise en cause et là, à cet égard, j'ai été gâtée… Un collègue, lui-même juge d'instruction, était mis en cause dans ce dossier !

Un revendeur de faux vins de ces cuvées a été interpellé par les services de police alors qu'il écoulait des bouteilles de vin étiquetées, hospices de Beaune sur un parking. Plusieurs centaines de ces bouteilles avaient été vendues sous le manteau. Interrogé sur les conditions dans lesquelles il opérait, l'homme a reconnu qu'il s'agissait de contrefaçons, mais a refusé, lors de sa première audition, de dévoiler l'identité de son fournisseur et de ses coauteurs.

Lorsque les enquêteurs l'ont à nouveau interrogé sur des éléments factuels tels que ses relations avec les membres d'un club de dégustation de vin, également acheteurs de « ces cuvées spéciales », il a désigné comme coorganisateur de ce réseau de distribution un juge d'instruction local, raison pour laquelle le dossier avait été délocalisé de Dijon à Lyon.

Les bouteilles saisies ont fait l'objet d'une expertise, laquelle a révélé non seulement que le vin n'était pas celui des prestigieuses cuvées des hospices, mais que la contrefaçon concernait également les bouteilles elles-mêmes, les étiquettes, les collerettes, les bouchons…

Je me suis transportée avec les gendarmes de la SR de Lyon dans les domaines bourguignons, notre objectif étant d'identifier le cépage, les emporte-pièces des étiquettes et des collerettes, les bouchons et, plus largement, tout élément pouvant établir l'origine de ces contrefaçons. Nous avons réalisé de nombreuses saisies dans les domaines viticoles, ainsi que des expertises pour identifier le cépage utilisé, sans résultat.

Il s'agissait d'un vin plutôt correct, simplement, il ne correspondait pas à l'étiquette. Les victimes visées par ces escroqueries étaient des particuliers amateurs de vin, des professionnels auraient tout de suite décelé la supercherie.

Nous avons organisé une perquisition au domicile du juge suspecté. Une tâche pas facile, d'autant qu'il était en couple avec une autre juge d'instruction. Nous avons saisi dans leur cave sept ou huit bouteilles de vin des hospices de Beaune dont l'expertise a établi l'authenticité.

Nous avons tout tenté pour élucider cette affaire. Finalement, seul le revendeur initialement interpellé a été déclaré coupable et condamné. Il paraît évident que ce revendeur n'a pas pu agir seul et qu'il a bénéficié d'une logistique bien organisée, mais il n'a pas dénoncé ses complices.

Cette histoire m'a permis de découvrir le milieu des grands vins. On ne réussit pas toujours à résoudre une affaire malgré sa soif de savoir ! Là, nous étions confrontés à une organisation extrêmement bien structurée. Des gens habiles et prudents.

Les soupçons sur le juge semblaient fondés : il connaissait le revendeur identifié et faisait partie du même club. Il était introduit aux hospices de Beaune et était mis en cause par le revendeur avec lequel il avait des liens. Après la perquisition, il a été décidé de le placer en garde à vue afin de l'entendre sur les éléments d'enquête recueillis. Il a nié toute participation aux faits susceptibles de lui être reprochés.

Je ne disposais pas d'indices suffisants pour le mettre en examen, d'autant que le revendeur était revenu sur ses déclarations s'agissant de son implication, je l'ai donc entendu en qualité de témoin assisté et il n'y a eu aucune poursuite judiciaire contre lui.

Fin de l'histoire.

Les affaires financières ont très souvent des ramifications dans le domaine politico-financier. J'ai dépoussiéré et mené au bout bien d'autres affaires intéressantes, jusqu'en octobre 2004. Certains dossiers concernaient des personnalités politiques connues. J'avoue que j'ai découvert à cette occasion la signification de l'expression « marcher sur des œufs »... L'appréhension des affaires financières, de la délinquance en col blanc, de la fraude fiscale, est extrêmement délicate, très souvent en équilibre fragile entre le légal et l'illégal.

Nonobstant les analyses et éclairages des experts compétents, missionnés, la résolution de ces affaires s'avère souvent sophistiquée, chronophage et extrêmement coûteuse. Il faut savoir qu'une expertise comptable est de très loin l'une des plus onéreuses...

Le droit pénal m'a passionné depuis mes premiers cours de droit et la fonction de juge d'instruction est de très loin celle que j'ai préférée, toujours au cœur des investigations et œuvrant de façon permanente en équipe avec les enquêteurs et les experts. De nouvelles dispositions législatives allaient me permettre d'exercer cette fonction face à un autre type de délinquance.

Chapitre IX
Juge d'instruction à la JIRS de Lyon

Afin de lutter contre une délinquance organisée de plus en plus sophistiquée, la loi du 9 mars 2004 a créé les juridictions interrégionales spécialisées (JIRS), qui regroupent des magistrats du parquet, de l'instruction et de juridiction de jugement possédant une expérience en matière de lutte contre la criminalité organisée et la délinquance financière, dans des affaires présentant une grande complexité.

Au regard de l'importance des contentieux à traiter et des aspects liés à la coopération transnationale, huit juridictions ayant une compétence territoriale étendue ont été implantées dans les plus grandes métropoles, dont celle de Lyon.

La spécialisation des magistrats du parquet et de l'instruction affectés à la JIRS, déchargés des dossiers plus simples de droit commun (même s'il n'existe pas véritablement de dossier simple), leur permet de disposer de plus de temps pour démonter les rouages complexes des faits dont ils sont saisis. Ils bénéficient par ailleurs de dispositifs novateurs en matière d'investigations tels que les infiltrations, les sonorisations, les équipes communes d'enquête entre plusieurs pays, des délais de garde à vue plus longs… « Mais vous regardez tous Netflix, c'est assez proche de la vérité ». L'efficacité de ces juridictions nécessite l'appui de services d'enquête également spécialisés, à compétence territoriale étendue : police judiciaire, sections de recherche de gendarmerie, offices centraux de répression du banditisme, douanes. Il sera dommage de se priver de ces services d'investigations compétents et performants. C'est pourtant ce qu'une nouvelle loi applicable dès janvier 2024 a décidé.

Deux magistrats instructeurs ont été désignés à Lyon en octobre 2004, Nicolas Chareyre et moi. Nous nous connaissions depuis plusieurs années et avions exercé ensemble dans les mêmes juridictions. Nous avions la même conception sur la manière de gérer les dossiers, le même esprit d'équipe et partagions la même volonté de mener les investigations au bout du bout.

Lorsque l'enquête le nécessitait, pour mener à bien des auditions ou des perquisitions, nous nous déplacions à l'étranger, dans le cadre de commissions rogatoires internationales, en coopération avec les services locaux concernés.

Nous avons sillonné de nombreux pays dans le cadre de nos dossiers (Trafic de stupéfiants, proxénétisme, trafic de fausses monnaies, extorsions en bande organisée, vols avec arme…), effectué des actes d'enquête en Roumanie, Grèce, Allemagne, Maroc, Algérie, Suisse, Italie, Belgique, Pays-Bas, Géorgie, Madagascar…

Nous travaillions souvent en étroite collaboration avec Eurojust qui est à la justice ce qu'Europol est à la police. Concrètement, quand le dossier a une dimension internationale impliquant au moins deux États européens, nous nous rapprochons du bureau français d'Eurojust pour nous concerter avec les magistrats et les services d'enquête des pays concernés. Nous coordonnons nos actions, par exemple en procédant à des perquisitions simultanées dans chaque pays concerné, afin d'éviter des concertations et des fuites. J'ai participé à de nombreuses réunions d'Eurojust, et d'autres à Europol, et constaté que la coopération judiciaire et policière européenne fonctionne assez bien. Ces deux structures sont basées à La Haye, aux Pays-Bas. C'est par ailleurs très intéressant et instructif de découvrir le fonctionnement des services judiciaires et d'enquêtes étrangers et de nous adapter les uns aux autres.

L'efficacité de cette coopération judiciaire et policière internationale serait optimale si un jour, les pays de l'Union européenne décidaient d'adopter les mêmes législations. On peut le souhaiter… ou au moins en rêver !

Le gang des souris vertes…

J'ai eu à traiter à la JIRS de diverses affaires dont certaines ont été médiatisées, comme celle du « gang des lessiveurs » rebaptisé « gang des souris vertes » ; un nom donné à cette affaire par les journalistes de l'émission « Faites entrer l'accusé » en référence à la comptine enfantine : « Une souris verte qui courait dans l'herbe… » Vous comprendrez pourquoi plus tard…

Depuis plusieurs années, une équipe composée de quatre à huit braqueurs attaquait des fourgons transportant des valises sécurisées dites Axytrans. Ces valises destinées au transport des billets de banque sont équipées d'un système pyrotechnique de protection, une encre indélébile se répand sur les coupures lorsque la valise est arrachée de son rack, de sorte que les billets deviennent inutilisables. Les malfaiteurs opéraient sur toute la France et plus souvent en région Rhône-Alpes. Ils agissaient en « professionnels » : aucun ADN laissé sur les lieux, pas d'empreintes digitales, une équipe structurée, très organisée, des armes exhibées, mais pas utilisées.

À la création de la juridiction interrégionale spécialisée, en 2004, le parquet de Lyon a saisi deux magistrats instructeurs pour identifier et interpeller les auteurs de ces faits. La section de recherches (SR) de la gendarmerie de Grenoble a été chargée de la commission rogatoire. La ténacité, le travail, l'implication et la détermination de ces enquêteurs ont largement contribué à l'identification et à l'arrestation des membres de ce gang.

L'équipe de braqueurs s'était entourée de chimistes chargés de trouver une formule de « lavage » de l'encre qui, fatalement, maculait les billets après l'ouverture des valises. Après de nombreux essais, ils avaient obtenu la solution pour nettoyer 80 % des billets dérobés. La société Axytrans a dû modifier très régulièrement les pigments de ses encres pour y remédier, ce qui a conduit les braqueurs à imaginer d'autres moyens d'atteindre les précieux billets de banque sans que ceux-ci soient inutilisables pour autant.

Les deux têtes pensantes de l'équipe ont alors, avec régularité et méthode, multiplié les tentatives d'accéder au contenu des valises avant de réussir à neutraliser les effets de l'encre. Après avoir étudié de nombreuses valises, ils en avaient trouvé le point faible. Ils ont imaginé, dessiné et fabriqué un outil, une sorte de clé spéciale, leur permettant de créer un interstice sur un côté de la valise sans que le système pyrotechnique ne se déclenche.

Les braqueurs s'assuraient de ne voler que des valises pleines de billets. Ils pesaient ces dernières et écartaient les valises vides, ils avaient leur « balance » ! Très rapidement, avant que le système de sécurité ne libère l'encre, ils entrouvraient les valises et les plongeaient dans un bain d'huile qui enveloppait les billets et les protégeait de la projection de l'encre. Les valises étaient ensuite ouvertes, les billets extraits et plongés dans un bain d'eau savonneuse afin de les dégraisser. Arrivés dans leur repère, les malfaiteurs épinglaient les billets à l'étendage, de la même manière que l'on fait sécher notre linge ! C'est ce mode opératoire de trempages successifs dans l'huile et dans l'eau, comme dans la comptine des souris vertes, qui a inspiré les journalistes de l'émission « Faites entrer l'accusé ».

Il était 10 heures, ce 30 mars 2006, lorsque les enquêteurs de la SR de Grenoble m'ont informée de l'arrestation des membres du gang des souris vertes. Des convoyeurs venaient de récupérer des valises Axytrans à la banque située dans le centre de la commune de la Verpillière lorsqu'ils ont été braqués par deux hommes armés et cagoulés. Un des convoyeurs a été poussé dans le fourgon tandis que le deuxième a réussi à échapper à ses agresseurs et à donner immédiatement l'alerte, ce qui a permis, quelques instants plus tard, l'interpellation des malfaiteurs.

Gyrophares et sirènes hurlantes, je me suis rendue avec l'équipe de la section de recherches sur les lieux de l'interpellation. La scène s'ouvrait sur une route bordée d'un étang où barbotaient des cygnes imperturbables face au vacarme de l'hélicoptère de la gendarmerie et au va-et-vient de la centaine de gendarmes et de techniciens de scène criminelle.

Trois des auteurs avaient été pris en chasse par la gendarmerie après le braquage. À l'issue d'une course poursuite et de tirs échangés entre les malfaiteurs et les gendarmes, le véhicule des braqueurs, une Peugeot 807 volée et faussement immatriculée, s'était immobilisé près d'un étang. Les pneus avaient été crevés par les tirs des gendarmes.

Le premier à s'extirper de la voiture a été Serge, le passager avant. Blessé au bras, il a jeté son arme et levé les mains. Hervé, le chauffeur, est sorti également les bras en l'air. Puis Laurent, le passager arrière, tenant un fusil mitrailleur dans une main et une arme de poing dans l'autre. Il a fait face aux dizaines de gendarmes arrivés sur les lieux. Un long silence s'est installé. Soudain, un gendarme s'est avancé vers Laurent et a tenté de dialoguer. Il a rangé son pistolet… mais sorti son taser, avec lequel il a atteint Laurent au torse. Seulement, son gilet pare-balle lui a permis d'échapper à l'impulsion électrique et il a prestement arraché les aiguillons du taser avant de se retourner en lâchant son fusil. Le gendarme a tiré un nouveau coup de taser dans le dos. Laurent s'est à nouveau débarrassé des dards métalliques… avant de se tirer, à la stupéfaction générale, une balle dans le cœur avec son arme de poing. Hervé et Serge ont alors été pris en charge par les gendarmes interpellateurs et placés en garde à vue.

L'enquête s'est poursuivie et a permis de découvrir que sur cette attaque, deux autres personnes avaient agi comme complices, communément appelés « sonnettes », chargées de guetter l'arrivée du fourgon et de la police. Ils donnaient le top départ de l'opération avec la première sonnette. La deuxième sonnette les informait de la présence ou absence des forces de l'ordre sur le parcours de fuite. Ces deux personnes ont été interpellées quelques jours plus tard.

Les auditions de ces quatre auteurs présumés nous ont permis d'identifier leur planque : une maison louée par Hervé à Romans-sur-Isère. Là-bas, les découvertes se sont avérées extrêmement intéressantes : de nombreuses armes et munitions, des billets séchant sur des fils d'étendage, plusieurs valises Axytrans contenant des billets maculés, des plaques d'immatriculation, des cagoules, des plans de lieux où avaient eu lieu des attaques de fourgons… Tous ces indices nous ont permis d'établir des liens concrets avec plusieurs affaires dont certaines n'avaient pas encore été reliées au gang des souris vertes.

En effet, entre 2003 et 2006, plusieurs vols à main armée ont été commis dans des banques en région Rhône-Alpes par des individus cagoulés et vêtus de bleus de travail, lesquels pénétraient dans les agences bancaires par le plafond. Les enquêteurs avaient surnommé ces malfaiteurs le « gang des mécanos », en référence à leur tenue vestimentaire décrite par les victimes. Les membres de ce gang ciblaient les établissements bancaires en fonction de plusieurs critères : leur taille, leur situation par rapport à un itinéraire de fuite, leur proximité avec un immeuble permettant un accès facile. Ils surveillaient les heures d'ouverture des agences, s'introduisaient discrètement dans l'immeuble jouxtant la banque pour y faire « quelques travaux » leur permettant d'avoir un accès à l'agence par les combles, prenaient soin de ne laisser aucune trace de leur passage (les ouvertures dans les murs et cloisons étaient soigneusement dissimulées) et opéraient le jour J au petit matin, dès que les employés, après avoir coupé l'alarme, pénétraient dans l'agence. Ce mode opératoire ingénieux consistait à descendre du plafond sans risque de déclencher le système d'alarme puis à menacer les employés avec leurs armes afin de se faire remettre l'argent des caisses et des coffres-forts.

L'ensemble des indices réunis au cours des investigations a permis d'imputer au gang des mécanos et des souris vertes quatorze vols avec arme au cours desquels plus de 1,5 million d'euros ont été dérobés. Grâce aux expertises méticuleuses de l'encre et des valises retrouvées en perquisition, on a pu identifier chaque vol avec arme commis par le gang.

Lors de leur garde à vue, les mis en examen ont expliqué le mode opératoire concernant les véhicules qu'ils utilisaient pour les repérages et le transport. Ils volaient une voiture, repéraient le même modèle et dupliquaient son numéro d'immatriculation, de cette façon, la voiture n'était pas signalée volée, elle existait tout simplement en doublette.

Nous avons ensuite pu identifier des équipes « à tiroirs », c'est-à-dire des auteurs qui intervenaient par intermittence. Chacun des membres participait à la préparation et/ou à la réalisation des braquages en fonction de son emploi du temps, de ses compétences et du nombre de participants nécessaire. Parmi les intermittents figurait David, lequel avait participé à plusieurs vols avec armes dont ceux attribués aux « mécanos ».

Dès son identification, David a été placé sur écoutes et localisé à Madagascar, où il était parti s'installer. Il y avait créé une société d'exportation de litchis assez prospère. Nous subodorions qu'il avait pour cela utilisé des fonds issus des braquages, ce que nous devions vérifier.

David avait un frère général de l'armée française avec lequel il entretenait des liens très forts et envers qui il nourrissait une grande admiration. L'interception de ses conversations nous a permis d'apprendre qu'il avait prévu un voyage à Paris en juin 2006, pour assister à une cérémonie de remise de médaille à son frère. Nous avons saisi cette opportunité, il a été interpellé à l'aéroport de Roissy-Charles-de Gaule et placé en garde à vue. Les gendarmes de la SR de Grenoble en ont avisé son frère qui en a été très affecté.

David a été interrogé et a très rapidement reconnu sa participation à plusieurs braquages. Après avoir obtenu les autorisations des autorités malgaches, je me suis déplacée avec deux enquêteurs à Tananarive puis à Tamatave, à l'est de l'île.

Nous avions découvert, au cours de l'enquête, que David était gérant et actionnaire de plusieurs sociétés dont le siège était à Tananarive, et pas seulement de son entreprise de litchis.

À notre arrivée sur l'île, nous avons été accueillis par l'attaché de sécurité ; il s'agit d'un officier de police français résidant sur place, en charge de la coopération policière entre nos deux pays. Dès la réception de ma commission rogatoire internationale, il avait pris attache avec l'autorité judiciaire en charge de l'exécution de ma mission, contacté le service d'enquête désigné pour m'assister dans tous les actes à accomplir et prévu un planning prévisionnel.

Nous avions rendez-vous dès le lendemain matin avec la brigade de recherches de la gendarmerie de Tananarive qui devait nous accompagner à plus de 10 kilomètres du centre-ville, notre objectif étant d'effectuer des perquisitions, notamment au siège social d'une des sociétés dont David était actionnaire. Des auditions de personnes en relation avec ce dernier étaient également programmées.

Nous avons été surpris par les conditions de travail déplorables des gendarmes malgaches, la misère et le manque de moyens des forces de l'ordre. Ils portaient de vieux uniformes défraîchis, ne savaient pas faire fonctionner leurs ordinateurs préhistoriques et n'avaient ni papier, ni encre pour les imprimantes, ni carburant pour leurs véhicules d'un autre âge.

Ce matin-là, 2 juillet 2006, ma journée a débuté par une bonne nouvelle : mon fils Nicolas m'a annoncé sa réussite au baccalauréat. J'étais fière et regrettais de ne pas avoir été près de lui pour le serrer dans mes bras.

Arrivés à la brigade peu avant 9 h, nous avons vu surgir une 2 chevaux fourgonnette avec seulement deux sièges ! Puisque nous étions cinq, ils sont allés récupérer trois tabourets dans leur bureau pour les installer à l'arrière… Le réservoir d'essence étant quasiment à sec, je me suis imaginé qu'il faudrait peut-être pousser la voiture, ce qui était loin de me convenir ! J'ai décidé d'appeler l'attaché de sécurité. Une grosse demi-heure plus tard, un pick-up flambant neuf dont nous avons appris plus tard qu'il s'agissait d'un véhicule saisi à un trafiquant de drogue est arrivé, avec le plein de carburant. Nous avons pu effectuer notre déplacement avec un confort plus raisonnable et surtout, en sécurité.

Nous avons perquisitionné trois sièges de sociétés sans rien découvrir de particulier. Nous nous sommes ensuite rendus à

Tamatave, soit un trajet de neuf heures sur des routes défoncées, pour ne pas dire inexistantes. Là-bas, nous devions perquisitionner le domicile de David.

J'avais rendez-vous avec un juge d'instruction malgache, une femme. Elle nous a accueillis chaleureusement et nous a confié qu'elle n'avait jamais effectué de perquisition, ne sortant pas de son bureau. J'avais apporté un code de procédure pénale malgache pour ne pas commettre d'impair.

Dans les petits villages, à Madagascar, pour se rendre au domicile d'une personne, il faut aller voir le chef du village. Notre juge en tailleur et talons hauts nous a accompagnés dans la boue, il avait beaucoup plu les jours précédents. Le chef de village étant absent, son fils ou petit-fils allait nous conduire chez David. Il s'agissait d'une belle petite maison à l'écart du village, vide de tout occupant. J'ai ouvert le code de procédure pénale pour vérifier si, comme en France, nous pouvions entrer avec un serrurier et deux témoins ; la loi malgache nous le permettait effectivement. Nous sommes allés solliciter les voisins en guise de témoins et, coup de chance, l'un d'eux avait la clé.

Quelques minutes après le début de nos opérations, la compagne et la fille de David sont arrivées. Nous avons expliqué les raisons pour lesquelles nous étions chez elles. Après quelques instants d'inquiétude, la compagne de David, une jeune malgache d'une trentaine d'années, a coopéré sans difficulté.

Nous avions apporté tout le matériel nécessaire, en particulier nos ordinateurs portables et les fiches de scellés et nous avons établi les procès-verbaux sur place, sous le regard intéressé des gendarmes locaux. La perquisition a duré une bonne partie de la journée et parmi les objets saisis, il y avait un ordinateur portable, placé sous scellé et que j'ai rapporté en France, où nous sommes rentrés mi-juillet. Je l'ai aussitôt fait analyser et nous y avons trouvé le dessin de l'outil ayant servi à l'ouverture des valises Axytrans. Cet outil ingénieux permettait d'entrouvrir les valises sans déclencher le système pyrotechnique de sécurité. Nous avons fait tirer sur papier les nombreuses photos enregistrées sur cet ordinateur.

Lorsque David est entré dans mon bureau pour y être interrogé, je l'ai informé que j'avais réalisé des investigations à Madagascar. Il a été étonné de la rapidité de ce déplacement et a répondu de façon sincère à mes questions. À l'issue de l'audition, je lui ai remis une enveloppe dans laquelle j'avais placé les photos de sa compagne et de sa fille, inutiles pour mon enquête. Ému, il m'en a remerciée.

Serge avait été militaire puis maçon. Il était le beau-frère et un ami proche de Laurent. Tous les deux avaient déjà été condamnés et étaient sous le coup de mandats d'arrêt pour une affaire de trafic de produits stupéfiants. Laurent avait confié à ses proches qu'il ne retournerait plus en prison, ce qui expliquait son geste lors de son interpellation.

Le gendarme ayant fait face à Laurent au moment de l'interpellation m'a confié, avec beaucoup d'émotion, lors de son audition en qualité de partie civile qu'il regrettait de ne pas avoir pu anticiper et empêcher le geste suicidaire de Laurent.

Avec du recul, on peut imaginer qu'au moment précis où Laurent a pointé ses armes en direction de ce gendarme, il espérait ou attendait être touché mortellement par celui-ci.

Un juge d'instruction peut faire intercepter les courriers des personnes mises en examen et incarcérées. J'ai ainsi lu une lettre adressée par David à son frère, dans laquelle il s'excusait d'avoir gâché sa cérémonie, précisant que sa garde à vue s'était bien passée, avec des gendarmes de qualité, et que s'il n'était pas passé du mauvais côté de la barrière, il aurait aimé travailler avec des gens comme eux.

L'instruction de ce dossier n'aurait pas été complète sans la plus-value d'une reconstitution des derniers faits commis par le gang. Une reconstitution de faits criminels est utile et importante pour permettre aux magistrats et jurés de la cour d'assises de visualiser les lieux et les accusés en « action » ; elle est nécessaire pour vérifier le timing, les déclarations des accusés, des victimes et des témoins et la compatibilité de celles-ci avec les conclusions des experts (médecin légiste, balisticien…), présents également. Les déclarations des parties sont actées, les opérations sont filmées, les scènes importantes sont photographiées.

J'ai passé de nombreuses heures à la préparation de cette remise en situation. Il fallait, tel un metteur en scène, replacer les cinq mis en cause et les victimes sur les lieux, leur faire répéter leurs faits et gestes dans des conditions identiques à ce qui s'était passé à la Verpillière : leur arrivée sur les lieux, le placement des « sonnettes », le vol du fourgon, la séquestration du convoyeur, l'arrivée dans le bois où les valises étaient retirées de leur rack, pesées et ouvertes, ainsi que la course poursuite avec les véhicules de gendarmerie et l'hélicoptère. Ce jour-là, ils avaient eu le temps de tremper les valises dans l'huile avant que l'hélicoptère de la gendarmerie les repère.

La course poursuite avec les gendarmes avait débuté à la sortie du bois, le fourgon et le convoyeur pris en otage avaient été laissés sur place et les malfaiteurs avaient fui à bord de la Peugeot 807.

Nous étions cinq juges d'instruction, assistés de nos greffiers, pour orchestrer la reconstitution de ces scènes et noter sur procès-verbaux les déclarations de tous les protagonistes. Le premier acte débutait devant l'agence bancaire derrière laquelle Serge et Laurent s'étaient dissimulés. Hervé attendait dans le véhicule volé et faussement immatriculé dans la rue principale pour donner le top départ et les deux autres « sonnettes » étaient positionnées à l'entrée et à la sortie de la commune, à l'affût de l'arrivée de véhicules de gendarmerie. Tous les cinq étaient en contact avec des talkies-walkies.

Au top départ, Serge et Laurent braquaient les convoyeurs, en faisaient monter un dans le fourgon et quittaient les lieux.

J'avais prévu un périmètre de sécurité sur tout le parcours emprunté par les accusés entre le lieu d'attaque des convoyeurs et celui de leur arrestation. Plus d'une centaine de gendarmes était mobilisée pour nous permettre de travailler dans de bonnes conditions. J'avais au préalable effectué des repérages avec les gendarmes en hélicoptère pour me donner une idée du périmètre de nos opérations. L'hélicoptère faisait également partie du casting dans la mesure où il avait suivi et surveillé la course-poursuite le jour des faits.

Le jour J, avec l'assistance des enquêteurs et des experts, nous avons reconstitué le déroulement des faits, n'omettant aucun détail. La scène du face-à-face entre le gendarme et Laurent a été la plus difficile à répéter émotionnellement pour chacun des participants. Je revois Serge les larmes aux yeux se remémorer le geste suicidaire de Laurent.

À l'issue de toutes les remises en scène, après la signature des procès-verbaux, en fin de journée, nous nous sommes retrouvés seuls, Nicolas, nos greffiers et moi, au bord de l'étang sur lequel barbotaient des cygnes. Les mêmes que ceux qui avaient été témoins de la scène d'arrestation ? Le silence régnait ; un moment particulièrement inoubliable et surréaliste.

Finalement, ce dossier volumineux, constitué de plusieurs milliers de procès-verbaux et qui occupait trois de mes armoires, a été renvoyé devant la cour d'assises de Lyon. Ils ont tous été déclarés coupables et condamnés : seize ans de prison pour Serge, un peu moins pour les autres. Le suivi de cette affaire est révélateur d'un véritable travail d'équipe. En effet, l'élucidation des affaires délictuelles et criminelles repose sur la volonté de tous les acteurs de la chaîne pénale de travailler en équipe, d'échanger, de réfléchir, de croiser les idées et les approches des éléments factuels d'une affaire pénale.

C'était une de mes plus belles affaires, par l'implication et la pugnacité des enquêteurs et l'ingéniosité de ces malfaiteurs à l'ancienne, qui avaient un code d'honneur, contrairement à la plupart des mis en examen. Une fois interpellés, ils n'ont jamais nié les faits et surtout, ils n'ont jamais utilisé leurs armes contre les convoyeurs, même si exhiber une arme est en soi un acte violent.

Est-ce pour toutes ces raisons que cette affaire a intéressé les journalistes de l'émission « Faites entrer l'accusé » ? Je me trouvais dans le sud de la France quand une journaliste m'a contactée pour participer à cette émission. Sans réfléchir, j'ai refusé. Était-ce mon manque de confiance en moi qui me rattrapait ? Salvatore m'a immédiatement interrogée sur les raisons de ce refus spontané, puis il a insisté pour que je revienne sur ma décision.

Alors même que j'appréciais la qualité, l'objectivité et le sérieux de cette émission et le fait que les sujets traités ne concernent que des affaires définitivement jugées, je n'avais effectivement pas de motif pertinent pour ne pas y participer.

Lorsque la journaliste m'a rappelée, une quinzaine de jours plus tard, convaincue par mon mari et plusieurs collègues, j'ai accepté de me lancer dans cette expérience.

Mes premiers contacts avec l'équipe sur le plateau de France 2 m'ont rassurée, j'ai rapidement constaté que tous les journalistes participant au montage de l'émission faisaient preuve de professionnalisme, ils avaient une connaissance parfaite du dossier et étaient extrêmement pointilleux. Ils étaient animés par la volonté de donner la parole à tous les acteurs susceptibles d'éclairer l'affaire dans une totale impartialité.

J'avoue que durant le trajet en TGV pour Paris, alors que je révisais mon dossier, j'ai eu un petit moment de panique à l'idée de me retrouver face aux caméras. Salvatore, ainsi que mon amie Françoise, m'avaient accompagnée, ils me connaissaient bien et leur petit coaching antistress a été bénéfique.

Lors de la séance de maquillage, j'étais avec certains enquêteurs et le lieutenant-colonel de la SR de Grenoble qui avaient travaillé avec moi au cours de l'enquête. Je les ai retrouvés avec grand plaisir, leur bonne humeur a fini de me rassurer.

Avant le tournage, Frédérique Lentieri, la présentatrice vedette de l'émission, est venue à ma rencontre, elle m'a expliqué le déroulement de l'enregistrement plateau. Son professionnalisme m'a définitivement détendue. La journaliste de terrain, Imen Ghouali, qui avait été captivée par cette affaire, en a retracé les moments forts dans un livre intitulé « Les souris vertes ».

C'était une expérience intéressante, je n'ai pas regretté d'y avoir participé. J'ai d'ailleurs accepté de participer à une nouvelle émission pour une autre affaire, que j'évoquerai ultérieurement.

Menaces de mort, la violence s'invite dans ma vie privée

L'affaire des souris vertes n'était qu'un dossier parmi une quarantaine ouverts dans mon cabinet. Un autre puisait ses racines en Roumanie. Mi-novembre 2005, plusieurs individus de nationalité roumaine avaient été arrêtés à Lyon en possession de cartes bancaires encodées avec des numéros « hackés » sur internet. Les investigations ont mis à jour un vaste réseau basé en Roumanie et qui sévissait dans toute l'Europe. Mon service a investigué avec le SRPJ de Lyon et il est apparu que le gang était bien organisé et très hiérarchisé. À la base, on trouvait de jeunes hommes, parfois mineurs et sans emploi, auxquels des recruteurs promettaient un emploi facile et bien rémunéré à l'étranger, par exemple dans la maçonnerie ou la restauration. On confisquait leur passeport une fois qu'ils étaient sur place, pour empêcher leur fuite et là, le recruteur leur expliquait que leur mission consisterait en réalité à utiliser des cartes encodées pour effectuer des achats de produits ensuite revendus et sur lesquels ils percevaient un infime pourcentage.

C'était une organisation à tiroirs, très cloisonnée, ils ne connaissaient que leur interlocuteur direct, leur recruteur, il n'existait aucune connexion avec les échelons supérieurs. On savait qu'à la tête se trouvait un mafieux roumain, mais il n'était pas identifié. Il faisait intervenir de nombreux intermédiaires : des fabricants de cartes bancaires, des hackers pour pirater les numéros, des recruteurs, des utilisateurs de ces cartes…

En mai 2006, je venais de terminer un interrogatoire dans le cadre d'une autre affaire lorsque Éric, mon collègue, est entré dans mon bureau pour m'annoncer froidement qu'un contrat avait été lancé sur ma tête : 200 000 € à qui flinguerait la juge CORONA. Au ton de sa voix, aux détails qu'il égrenait, j'ai compris que ce n'était pas une blague. Il m'a expliqué qu'il venait de requérir devant le juge des libertés et de détention qui devait statuer sur la prolongation de la détention provisoire de jeunes utilisateurs de cartes. À la suite de la décision prise par le juge de prolonger sa détention, un de ces hommes a indiqué qu'il avait quelque chose à déclarer. Il a alors confié à Éric que dans la cour promenade de la maison d'arrêt de Villefranche-sur-Saône, il avait entendu plusieurs Roumains évoquer le nom de Corona, juge d'instruction. Ce détenu avait alors tendu l'oreille et entendu ces hommes parler du fait que cette juge Corona s'intéressait de trop près aux affaires des Roumains, qu'elle habitait Saint-Étienne, avait deux enfants, et qu'un contrat à 200 000 € portait sur sa tête. La sincérité manifeste et le détail de ce récit du mis en examen, livré sans attendre de bénéfice ni contrepartie, ont permis à mon collègue Éric de prendre ces déclarations très au sérieux. Le procureur de la République de Lyon m'a fait venir dans son bureau pour faire le point sur la situation.

J'ai accepté la mise en place immédiate d'une protection rapprochée, considérant que je n'avais guère le choix. Un tel cas de figure est rare, en dehors des affaires de terrorisme. Le soir même, la protection était mise en place, à la charge du GIPN. On m'affectait trois gardes du corps.

Le temps qu'ils arrivent et que tout se cale, je suis rentrée tard à mon domicile. J'avais prévenu mon mari et mes enfants, évidemment inquiets. Mes trois anges gardiens sont passés me prendre au bureau et nous sommes descendus par l'ascenseur au parking souterrain, qu'ils ont inspecté de fond en comble, après quoi ils m'ont escortée jusqu'à la porte de mon domicile, vérifiant que personne ne me prenait en filature. Ce soir-là, je me suis remémoré un évènement survenu quelques jours plus tôt, j'avais découvert que le bloc optique de mon véhicule était cassé, je dirais même explosé, à l'intérieur de ce qu'il restait du phare j'ai découvert des plombs de fusil de chasse, avait-il un lien ? Était-ce un avertissement ? Un coup de fusil de chasse qui m'aurait visée sans que j'en prenne conscience ?

Outre ces trajets que j'effectuais avec ma garde rapprochée, le commissariat de police de Saint-Étienne organisait, jour et nuit, des rondes autour de mon domicile et mes enfants étaient accompagnés à l'école. Les voisins se sont inquiétés à l'idée que des tueurs viennent pour moi… et se trompent de maison ! Tous les matins, je communiquais une heure de départ à mes gardes qui, de Lyon, venaient à Saint-Étienne, puis m'accompagnaient jusqu'au tribunal de Lyon, en évacuant tout véhicule qui s'insérait entre nous à grands coups de gyrophare. C'était assez rocambolesque, mais cette présence permanente me rassurait efficacement. Ces professionnels savaient aussi trouver les mots justes pour dédramatiser la situation et heureusement, car le stress était intense, le fait de savoir que des mafieux sont prêts à payer une coquette somme pour vous faire éliminer active les pensées les plus folles. Je ne le souhaite à personne.

L'affaire a pris une nouvelle tournure quelques semaines plus tard, quand mes enquêteurs de la brigade des mœurs du commissariat de Lyon, en charge d'un dossier de proxénétisme aggravé, m'ont rapporté les confidences d'une jeune prostituée roumaine. Ce dossier avait été ouvert dans mon cabinet quelques mois plus tôt et concernait un réseau international basé en Roumanie d'où provenaient de nombreuses prostituées envoyées un peu partout en Europe. Le mode de recrutement était en tous points identique à celui des utilisateurs des cartes encodées : des rabatteurs repéraient de jeunes filles parfois mineures, de milieu modeste, à qui ils promettaient un travail rémunérateur comme serveuse dans un restaurant. Ils payaient parfois les parents pour qu'ils acceptent de les laisser partir. Là encore, on confisquait leur pièce d'identité à l'arrivée, mais ce n'était pas tout…

Nous avions identifié des intermédiaires et placé certains sur écoute. Cela nous a permis de toucher du doigt la réalité d'un réseau sans foi ni loi. Avant d'arriver en France, les jeunes filles étaient convoyées en Allemagne, où elles étaient droguées et mises en condition pour obéir et « bien travailler ». Certaines étaient tuées devant les autres afin d'effrayer et soumettre docilement les survivantes.

Mise en confiance par les enquêteurs dans le cadre des investigations concernant les conditions de leur arrivée en France, l'une des jeunes prostituées a révélé avoir entendu parler d'un contrat lancé sur la juge Corona, avec les mêmes détails que ceux du jeune utilisateur de carte. Nous n'avions pas encore relié les deux affaires, à l'époque. Cette nouvelle confession a renforcé, si besoin, la véracité de l'existence du contrat me concernant.

Ces informations ont justifié l'ouverture d'une enquête puis la désignation d'un juge d'instruction pour menaces de mort, afin d'identifier le commanditaire. Des enquêteurs d'un service spécial de la PJ de Lyon ont interrogé les prostituées, les escrocs, les membres du milieu roumain, croisé les informations et identifié le commanditaire : un certain Ioan B. Il était à la fois à la tête du réseau d'escroqueries aux cartes bancaires et du réseau de prostitution. Nous avons effectué des recherches sur son parcours et appris que ce multirécidiviste archi-connu et considéré comme un parrain de la mafia roumaine était sous le coup d'un mandat d'arrêt international pour avoir commandité l'assassinat de deux juges roumains, dont l'un avait effectivement abouti. La menace qui pesait sur moi est apparue dès lors encore plus sérieuse, les mesures de protection et mes appréhensions se sont intensifiées.

À la demande des enquêteurs, nous avons reçu, via Interpol, la photo du mafieux en question, un homme au visage buriné portant un chapeau digne des séries policières des années 1930. Cette image revient de temps à autre perturber mes nuits… La photographie a été diffusée en même temps qu'un mandat de recherche dans les commissariats et gendarmeries de la région Rhône-Alpes.

Grâce à des informations en provenance de certains indics, j'ai été avertie par mes enquêteurs qu'un individu pouvant correspondre au signalement avait réservé une chambre d'hôtel à Givors, non loin de Saint-Étienne. De nombreux policiers ont subitement débarqué chez moi afin de renforcer la surveillance autour de mon domicile, c'était Fort Alamo à la maison !

Dans le même temps, le GIPN a encerclé l'hôtel puis défoncé la porte de la chambre du suspect au cours de la nuit, réveillant en sursaut un pauvre Polonais terrorisé par cette attaque nocturne de ninjas cagoulés et dont le seul tort était de ressembler à Ioan B.

Fausse alerte.

Je l'ignorais, mais deux des gendarmes de la SR de Lyon, qui avaient travaillé sur la contrefaçon des vins des hospices de Beaune, avaient passé la nuit devant chez moi, pour me protéger, sur leur temps libre. Le lendemain, je l'ai appris quand ils m'ont dit :

— Vous vous êtes couchée bien tard hier soir !

— Oui, mon mari et moi remplissions notre déclaration d'impôts.

J'ai été émue que, spontanément, ils soient venus veiller à ma protection, sans même me le dire et sans être en service. Quant à mes trois gardes du corps officiels, ils sont restés dans mon sillage durant un an, avant que la protection ne soit levée suite au démantèlement total du réseau de mon mafieux roumain qui, en désespoir de cause, est allé sévir en Amérique du Sud. Je me souviens avec émoi de mes *body guard*, amateurs de football. C'était pendant la coupe du monde, alors je m'arrangeais pour me déplacer à des heures où l'équipe de France ne jouait pas, et je les ai parfois invités à entrer à la maison pour regarder avec mon mari et mes enfants, eux aussi, pratiquants et passionnés de football, quelques matchs qu'ils ne pouvaient pas rater. Nous avons tous noué une relation très forte, durant plus d'un an. J'ai vécu une expérience angoissante, bien sûr, mais riche humainement.

À aucun moment, je n'ai envisagé de me retirer des deux affaires qui me valaient cette menace et je les ai menées au bout.

Mon seul regret est de ne pas avoir arrêté « mon mafieux » Ioan B, parti se planquer au Venezuela sous une nouvelle identité, seuls les « seconds couteaux » ont été jugés et condamnés.

Depuis cette affaire, lorsque je quitte mon domicile ou mon bureau, j'ai le réflexe de surveiller mon rétroviseur. J'ai conservé cette habitude de vigilance.

À l'époque, je pratiquais le tir sportif et je m'entraînais avec le club de tir de la police de Saint-Étienne, j'aurais donc pu bénéficier aisément d'une arme et certains de mes collègues me l'ont même suggéré, mais après réflexion, je n'en ai rien fait, une arme peut facilement se retourner contre vous, votre agresseur pouvant s'en emparer.

Bien que passionnée par ce poste, j'ai souhaité changer de fonction. Celle de la présidence d'assises m'attirait, elle représentait pour moi la suite logique de mes précédentes attributions.

Un des avantages du métier de magistrat est de pouvoir changer de fonction et/ou de juridiction, cependant, nous devons attendre que le poste envisagé se libère par le jeu des mutations. J'avais émis deux choix : celui de conseillère à la cour d'appel de Lyon, qui m'aurait permis d'accéder aux assises et à défaut, celui de juge d'instruction au tribunal de Saint-Étienne. C'est ma seconde demande qui a été retenue, mais bon… ce poste ne me déplaisait pas.

Chapitre X
Juge d'instruction à Saint-Étienne

Installée le 1er septembre 2008 au sein d'un cinquième cabinet tout juste créé dans ce tribunal, j'ai retrouvé avec satisfaction une de mes premières juridictions et Suzanne, la greffière avec laquelle j'avais exercé mes fonctions de substitut du procureur. Nous nous entendions très bien.

Dans le cadre de ces nouvelles fonctions, pendant cinq années, j'ai instruit des affaires de nature très différentes, dont certaines passionnantes.

Une disparition énigmatique

L'une concernait la disparition en Inde d'un directeur d'école à la retraite depuis peu. Gérard, 58 ans, venait d'y faire valoir ses droits. Son couple n'était pas au mieux de sa forme et il est parti seul pour des treks en Inde Il communiquait avec ses proches depuis des cybercafés en racontant ce qu'il avait fait récemment et quel était son programme les jours suivants. Sa famille s'est inquiétée à partir du 13 décembre 2011, date à laquelle il a cessé de donner des nouvelles. Sa femme et sa fille ont décidé de se rendre en Inde et ont pris contact avec les autorités locales pour signaler la disparition inquiétante. Elles ont pu accéder à sa chambre d'hôtel et y ont trouvé ses effets personnels, mais pas le téléphone, l'ordinateur, l'appareil photo, ses cartes bancaires, ni ses documents de voyage. La police a aussitôt entrepris des recherches dans la montagne qu'il était censé explorer le

13 décembre et elle s'est vraiment donné les moyens de ratisser la zone efficacement en déployant un grand nombre d'hommes. Gérard avait indiqué au cuisinier de l'hôtel où il comptait se rendre, on pouvait donc se concentrer sur un secteur précis. Hélas, cela n'a rien donné.

De retour en France, l'épouse et la fille ont saisi les autorités judiciaires pour mener une enquête, en parallèle de celle diligentée en Inde. J'ai été saisie de cette affaire et on m'a remis le dossier établi par les autorités indiennes. J'ai pris connaissance des procès-verbaux d'audition de l'hôtelier et de son cuisinier, les deux derniers à l'avoir vu vivant ainsi que du compte-rendu des recherches.

Gérard est parti tôt le matin équipé d'un sac à dos. Il avait retiré 10 000 roupies, soit 150 €, dans un distributeur automatique du village, le 9 décembre. Les recherches n'ont pas permis de retrouver les effets personnels avec lesquels il était parti ce matin-là. La thèse principalement envisagée par les policiers indiens était l'accident mortel, dans la mesure où le trajet était réputé dangereux en raison de la présence d'ours sauvages. Mais dans ce cas, on aurait trouvé des vêtements déchirés, son sac à dos, des indices établissant son passage. Ou même le corps mutilé.

Nous avons envisagé d'autres pistes que l'accident ou l'attaque d'un ours : la disparition volontaire, le suicide, le meurtre. J'ai rédigé une commission rogatoire internationale à l'attention des autorités judiciaires indiennes. Hors Europe, cette procédure nécessite la saisine des ministères de la Justice des pays concernés. Il fallait m'armer de patience. J'ai attendu la réponse plusieurs mois.

Sans remettre en cause la pertinence et le résultat de leur enquête, l'objet de ma demande d'entraide tendait à renouveler les recherches en élargissant le périmètre, réentendre l'hôtelier et le cuisinier afin d'affiner l'emploi du temps de Gérard, savoir comment il était les jours précédant sa disparition, inviter les deux témoins à exprimer leur sentiment sur sa disparition. Je sollicitais l'organisation d'une perquisition de l'hôtel dans la perspective de découvrir d'éventuelles traces de sang, d'objets ayant appartenu au disparu, d'indices en lien avec une altercation violente, etc. J'ai également demandé la saisie et la communication des images de vidéosurveillance du distributeur automatique afin de vérifier que c'est bien Gérard qui avait utilisé sa carte pour un retrait le 9 décembre. Enfin, j'ai sollicité la possibilité de me rendre sur place pour participer aux actes d'enquête, ce qui m'aurait permis de rebondir sur les éléments nouveaux que la police locale était susceptible de découvrir. Malheureusement, les autorités indiennes n'ont pas répondu à cette partie de ma demande. En revanche, elles ont réalisé une bonne partie des actes sollicités.

Ainsi, sur la photo du DAB, c'est bien Gérard qui retirait de l'argent, cependant, on voit derrière lui un individu dont le visage est partiellement masqué par une casquette. Les enquêteurs n'ont cependant pas exploité cette piste, mais le fait que la carte bancaire et le téléphone n'aient pas été utilisés après ce retrait nous permettait a priori d'écarter un crime crapuleux.

La perquisition a permis de trouver dans sa chambre un petit annuaire d'organismes cherchant des personnes donnant des cours de français. Cette découverte nous conduisait-elle vers la piste d'une disparition volontaire ? Les coordonnées de quatre ou cinq d'entre eux étaient surlignées. Les représentants de ces établissements ont été interrogés sur une éventuelle visite ou une prise de contact de Gérard, mais cette piste n'a rien donné.

J'ai noté par ailleurs que les auditions réalisées dans le cadre de ma commission rogatoire tant de l'hôtelier que du cuisinier divergeaient entre elles et différaient des auditions initiales, en particulier sur l'heure du départ de Gérard. J'aurais souhaité que l'on creuse ce point. C'était frustrant de ne pas avoir la main sur la direction des investigations. Néanmoins, je dois admettre que la police indienne a consenti d'énormes efforts pour retrouver Gérard, bien plus que s'il s'était agi d'un autochtone, m'a-t-on précisé.

Je regrette que l'on n'ait pas autorisé mon déplacement (j'ignore ce qui a motivé ce refus), peut-être que ma présence n'aurait pas permis plus de réponses, mais au moins, nous serions allés « au bout du bout ». Mes regrets vont surtout vers la famille et les proches de Gérard, qui restent dans l'ignorance de ce qui a pu lui arriver.

La secrétaire tue son amant et patron

Une autre affaire dont j'ai eu la charge a intéressé les journalistes de l'émission « Faites entrer l'accusé », ce qui m'a valu d'y participer pour la deuxième fois.

Philippe G, âgé de 47 ans, marié et père de deux enfants majeurs, était chef d'entreprise dans une petite commune près de Saint-Étienne. Le 27 février 2012, il a disparu. Il a quitté l'entreprise vers 11 heures au volant de son véhicule personnel sans indiquer où il allait, aucune mention d'un quelconque rendez-vous ne figurait sur son agenda. Le soir, ne le voyant pas rentrer à la maison et ne parvenant pas à le joindre au téléphone, son épouse s'est inquiétée. Elle a prévenu les gendarmes de cette disparition inquiétante.

Son véhicule a été retrouvé sur le parking de la mairie d'un village proche de son lieu de travail, bien garé et verrouillé. La famille, les amis, le personnel de son entreprise, tout le monde s'est mobilisé pour organiser des battues.

En parallèle, au fil des auditions, nous avons appris que Philippe était connu pour multiplier les conquêtes féminines, bien que marié. On s'orientait donc vers un acte criminel commis par quelqu'un de jaloux : épouse, ex-maîtresse, conjoint d'une maîtresse…

La secrétaire de l'entreprise de menuiserie du disparu, Bettina B, avait été sa maîtresse quelques années plus tôt. Ils étaient restés amis, plutôt proches. Elle avait été sa collaboratrice dans une précédente entreprise puis l'avait suivie dans cette menuiserie où elle était son adjointe. Rapidement, nous avons eu quelques raisons de croire qu'elle était de nouveau sa maîtresse. Elle paraissait effondrée et participait activement aux recherches.

Le corps a été découvert par ses proches le 4 mars 2012, pas très loin de sa voiture, en contrebas d'un chemin forestier éloigné de toute habitation. Couché sur le ventre, il était dissimulé sous des branchages. L'autopsie a révélé qu'il avait été atteint de plusieurs projectiles d'une arme de poing dont un de face, un dans l'abdomen, et un à l'arrière du crâne, comme quand on porte le coup de grâce, à bout portant.

J'ai été saisie de l'affaire. La procédure a été ouverte du chef de meurtre avec préméditation, la piste d'un proche étant privilégiée. J'ai ordonné que l'on perquisitionne le domicile de tous les suspects potentiels – une vingtaine – et que l'on saisisse et analyse leurs véhicules, ordinateurs et téléphones. Les gendarmes ne savaient plus où stationner les voitures saisies, il y en avait partout, ils m'en ont même un peu voulu pour ce stockage encombrant, mais la démarche globale a payé : lors d'une perquisition au domicile de Bettina, nous avons retrouvé plusieurs armes et des munitions appartenant à son mari, collectionneur. L'ensemble a fait l'objet d'une expertise balistique.

À ce moment de l'enquête, les soupçons s'orientaient vers Bettina B. Elle se disait offusquée d'être soupçonnée, mais au matin du 7 mars, elle a craqué et avoué à son mari qu'elle avait tué son patron. Le mari l'a accompagnée à la gendarmerie où elle a avoué les faits avec force détails. Elle nous a expliqué que bien que mariée, elle avait une vie sexuelle assez débridée. Son mari et elle pratiquaient l'échangisme et s'autorisaient mutuellement à aller voir ailleurs. Comme nous le subodorions, elle a confirmé qu'elle avait repris des relations intimes avec Philippe G.

D'un point de vue professionnel, elle se considérait comme le bras droit de son patron, estimant même qu'elle portait la société sur ses seules épaules. Elle nous a expliqué qu'elle accordait une importance capitale à sa position sociale dans l'entreprise ; or son patron avait indiqué à son personnel qu'il comptait promouvoir un autre salarié à un poste d'encadrement dont elle pensait qu'il lui revenait de droit, compte tenu de son investissement. Bettina a pris cette décision comme un affront, une humiliation, une trahison. Durant ses dépositions, Bettina a déclaré que dépitée, durant le week-end qui a suivi cette information, elle n'a cessé de cogiter sur sa vengeance.

J'avais vraiment du mal à adhérer à ce récit, estimant qu'elle aurait pu, comme le font certains salariés mécontents, manifester sa déception dans l'accomplissement de son travail ou se mettre, par exemple, en arrêt de travail le temps de calmer sa déception.

De façon progressive, elle s'est orientée vers une vengeance extrême et a imaginé la suppression pure et simple de son patron, de son amant. Durant la nuit du dimanche, elle a échafaudé le plan de son crime et le lundi matin, elle a emprunté dans l'armoire d'armes de son mari, un vieux revolver calibre 8 millimètres et des munitions, « au hasard » nous a-t-elle dit. Le hasard fait bien les choses… Dans cette armoire étaient en effet exposées de nombreuses armes et des munitions de calibres différents. Ce détail, entre autres invraisemblances, m'a troublée, j'avais le sentiment qu'elle ne disait pas tout et qu'elle n'était pas capable d'avoir agi seule, que peut-être deux personnes avaient perpétré ce crime. Je suspectais la complicité du mari, voire qu'il ait été l'auteur des tirs. Mais Bettina a toujours affirmé avoir agi seule.

Elle a donné de nombreux détails sur le déroulé des faits : ce matin-là, elle a envoyé un SMS à Philippe lui annonçant qu'elle avait envie de lui et lui donnait rendez-vous à 11 heures à l'endroit où ils se retrouvaient habituellement pour se livrer à leurs ébats sexuels. Philippe n'était pas en retard. Il a garé son véhicule près de la mairie, Bettina l'a invité à monter dans sa voiture pour se rendre jusqu'à un sentier isolé. Ils cheminaient à pied lorsque Bettina a prétexté avoir oublié quelque chose dans sa voiture, où elle est allée chercher l'arme, préalablement chargée de six cartouches. Puis, à environ sept mètres de distance, elle lui a tiré dans le dos. Quand il s'est retourné, elle a continué à tirer. Il est tombé face contre terre et elle l'a achevé d'une balle dans la nuque, finissant de vider son barillet. Telle était sa version des faits. Elle a aussi affirmé que le corps avait spontanément roulé dans le fossé en contrebas, mais compte tenu des traces relevées sur la scène de crime, nous pensions qu'elle l'y avait traîné. Elle a ensuite récupéré le téléphone et le portefeuille de sa victime puis ramassé les six douilles qu'elle est allée jeter dans un fossé, à plusieurs kilomètres, le long d'une nationale. Le portefeuille, elle l'a jeté dans la poubelle d'une station-service. Quant au téléphone portable de

Philippe, rentrée chez elle, Bettina l'a détruit à coups de marteau. Elle a ensuite replacé l'arme du crime dans l'armoire de son mari.

Les enquêteurs ont retrouvé les douilles là où elle avait indiqué les avoir jetées. Le rapport d'expertise balistique a révélé que le revolver désigné par Bettina était bien l'arme du crime, cependant, certaines déclarations nécessitaient des vérifications. Ainsi, elle prétendait n'avoir jamais tiré avec une arme à feu avant les faits alors même que l'expert balistique relevait dans ses conclusions que l'utilisation de cette arme ancienne n'était pas aisée pour un néophyte. Lors d'un interrogatoire en présence de l'expert, je lui ai remis l'arme en lui demandant de répéter l'action de tir, elle a eu du mal, mais elle y est parvenue après plusieurs essais. Je restais malgré tout dubitative et ai fait placer le mari en garde à vue, ce qu'il a très mal accepté. Il a tout nié, il disait ignorer les desseins de sa femme et n'y avoir absolument pas participé, ce qu'elle confirmait. Il a déclaré que le matin des faits, il se trouvait à son domicile et avait eu des contacts téléphoniques en lien avec son hobby de collectionneur.

Si les investigations effectuées sur l'activité de sa ligne téléphonique fixe ont confirmé la réalité de plusieurs conversations, elles n'ont pas permis de vérifier avec certitude son emploi du temps au moment de la commission du meurtre. Pour autant, nous ne pouvions retenir aucune charge contre lui.

Lors de la reconstitution du déroulement des faits, Bettina s'est montrée peu explicite sur nombre de détails concernant notamment leur cheminement exact sur le sentier, la distance et l'angle des tirs, mais, malgré mes doutes, nous n'avions toujours rien qui permette d'affirmer que son mari l'avait aidée à commettre le crime.

Le mobile me laissait perplexe. Comment un sentiment d'humiliation professionnelle pouvait conduire à un passage à l'acte criminel ? Pourtant, lors de chacune des auditions de Bettina, on ne ressentait rien de passionnel, bien au contraire, leurs relations intimes étaient essentiellement portées sur le sexe et non sur les sentiments. Son patron et amant qui la reléguait professionnellement l'avait-elle harcelée au travail ? Était-elle vraiment surmenée au point de perdre la raison ? L'experte psychologue spécialisée dans les dossiers de harcèlement au travail ne l'a pas retenu.

L'enquête nous a permis d'établir en outre qu'elle avait détourné les chèques de plusieurs clients pour les verser sur son compte, le montant total avoisinait les 60 000 €. Son patron l'avait-il découvert ? Allait-il la dénoncer, porter plainte ? Elle prétendait qu'il ne l'a jamais su.

Même si la loi française n'oblige pas à démontrer le mobile d'un crime, j'ai regretté de ne pas l'avoir identifié avec certitude. Une part d'ombre persiste et je garde un sentiment de frustration.

Bettina a été jugée et condamnée par le tribunal correctionnel pour les faits d'escroquerie et d'abus de confiance, et condamnée à 18 ans de réclusion criminelle par la cour d'assises de la Loire pour l'assassinat de Philippe G.

Meurtre sauvage

Il est 8 h 15 ce matin d'été du 15 juillet 2010, quand une voisine et amie d'Agnès découvre celle-ci morte dans son lit à son domicile près de Saint-Étienne. Elle a le visage et la tête fracassés, son corps est recouvert d'une couverture, plusieurs dents et du sang tapissent le drap sur lequel elle repose, les murs sont ensanglantés. Une scène d'acharnement et d'horreur !

Les gendarmes arrivent sur les lieux rapidement et figent la scène de crime. Aux termes des premiers éléments d'enquête, le crime a été perpétré entre 6 h 30, heure du départ d'Auguste, mari de la victime, et 8 h 15, heure d'arrivée de la voisine. Aucune effraction n'a été constatée, les portes-fenêtres de la chambre étaient légèrement ouvertes, les rideaux en voilage fermés, aucune trace de sang n'était présente sur ces rideaux manifestement tirés après les faits, seul le sac d'Agnès, qu'elle avait l'habitude de placer sous son matelas, avait disparu.

Une barre de fer provenant d'un engin agricole a été découverte sous le corps.

Le substitut du procureur sollicite l'intervention du médecin légiste et saisit la section de recherche de la gendarmerie qui déploie ses effectifs, dont les techniciens en identification criminelle (TIC) et un « co-crim » (coordinateur des opérations de criminalistique) chargé de gérer et de superviser les relevés d'indices.

À leur arrivée, le substitut et le médecin légiste se voient interdire l'accès à la scène de crime par le co-crim ; ça démarre mal ! Ce « super technicien » de la scène de crime a décidé de s'approprier la direction de l'enquête, privant ainsi le représentant du parquet d'assurer ce rôle dont il est normalement chargé et le médecin légiste d'effectuer les premières constatations médico-légales, dont la prise de température du corps nécessaire pour connaître l'heure du décès ! C'est le co-crim qui, après avoir découvert et photographié la barre de fer sous le corps, décide de la placer sous scellé dans un sac en papier kraft. C'est lui encore qui prend finalement la température du corps à 19 heures… malheureusement bien trop tard pour estimer l'heure du décès au plus juste.

Aux termes des investigations sur l'environnement du couple, il apparaît qu'Agnès et son époux, tous deux issus de familles d'agriculteurs, exploitent une ferme située à quelques kilomètres de leur lieu d'habitation. Ne pouvant avoir d'enfants, le couple s'est lancé dans une procédure d'adoption en Pologne. Après de nombreux mois d'attente, le couple a été invité à rencontrer deux enfants faisant partie d'une fratrie de quatre, Aurore et Yves, âgés respectivement de 11 et 9 ans, leurs deux frères Pierre et Jean âgés de 7 et 5 ans devaient être adoptés par une autre famille.

La procédure a suivi son cours. Un jour de juin de 1993 où le couple s'est rendu à Gdansk pour finaliser l'adoption, les autorités polonaises les ont informés qu'ils devaient adopter les quatre frères et sœur, le couple de la région stéphanoise qui devait adopter les deux plus jeunes s'étant désisté. C'est dans ces conditions que la fratrie au grand complet est arrivée dans la région Rhône-Alpes avec ses parents adoptifs.

Si les premières années, les relations enfants parents se sont relativement bien passées, des difficultés sont apparues avec les plus jeunes Pierre et Jean. Le couple n'était pas préparé à accueillir quatre enfants ayant eu un parcours de vie compliqué avec leurs parents légitimes. Agnès était décrite comme une femme peu maternelle ; les relations avec le père étaient plus simples, mais celui-ci était très occupé avec son exploitation et laissait son épouse gérer les enfants.

À la date des faits, seul Jean, le plus jeune, vivait au domicile familial, Pierre occupait un logement seul dans une commune proche, comme les deux aînés.

Les voisins et proches du couple ont évoqué un climat de violence entre Agnès et ses deux plus jeunes fils, un des témoins précisant même qu'Agnès conservait toujours avec elle une barre pour se défendre !

L'enquête en était à ce stade lorsque le substitut du procureur m'a indiqué qu'il allait ouvrir une information. Étant de permanence et allant être saisie du dossier, je lui ai demandé de me renseigner sur les actes en cours. Au regard de la description de la scène de crime, j'ai émis l'idée de faire effectuer des prélèvements génétiques sur tous les membres de la famille dans l'éventualité d'un crime intrafamilial. Au regard de la violence des coups portés à Agnès, le ou les auteurs auraient pu avoir omis de faire disparaître des traces de sang sous leurs ongles, sur les poils à l'intérieur du nez, les sourcils, le bracelet d'une montre… le substitut a acquiescé.

Effectivement, saisie de cette affaire, le dimanche 18 juillet, j'ai décidé de me rendre sur les lieux. À mon arrivée, j'ai constaté que plus d'une centaine de gendarmes ratissait le secteur à la recherche de l'arme du crime, le co-crim ayant décidé qu'il s'agissait d'un marteau ! Le corps de ferme n'avait pas encore été fouillé. Pourquoi un marteau ? Agnès présentait plusieurs plaies au crâne dont une très profonde « à l'emporte-pièce de forme carrée ».

J'ai rencontré le co-crim et le directeur d'enquête de la SR avec lesquels j'ai fait le point sur les premiers éléments d'enquête, les pistes à suivre et les prélèvements génétiques à effectuer. Le coordinateur des opérations m'a informée que contrairement à mes directives, il n'avait pas fait réaliser ces prélèvements, ce qui, et c'est le moins que l'on puisse dire, m'avait agacée. Il avait considéré ma demande comme non pertinente ! Cet acte d'enquête a finalement été réalisé quatre jours après le crime. Il n'a donc bien évidemment donné aucun résultat probant.

Au fil des investigations, la piste du crime familial a été privilégiée pour plusieurs raisons :

– La scène de crime elle-même : la violence, le nombre et la localisation des coups portés, notamment sur le visage de la victime, et le fait de recouvrir le corps sont des agissements peu compatibles avec un acte commis par un cambrioleur ;

– Aucun autre objet que le sac à main n'a été dérobé, sac qu'Agnès avait l'habitude de cacher sous son matelas durant son sommeil. A priori, il fallait le savoir ;

– Aucune effraction n'a été constatée, la chambre de la victime se trouvant à l'étage ;

– Aucun fait similaire n'a été répertorié dans la région dans les mois ou années précédentes ni dans les mois qui ont suivi.

Les emplois du temps de tous les membres de la famille ont été vérifiés, mais, confrontés à l'heure supposée du crime, telle qu'elle résultait de la prise de température du corps en fin de journée, nous devions travailler sur une fourchette de temps trop approximative. Ce créneau horaire était toujours compris entre 6 heures, heure de départ du mari et 8 h 15, heure d'arrivée de la voisine qui a découvert le corps.

Le mari de la victime se trouvait sur son exploitation agricole, occupé à la traite des vaches ; un aller-retour à son domicile n'était pas totalement exclu. Sur les quatre enfants du couple, seuls Pierre et Jean pouvaient, dans ce créneau, avoir pu commettre le crime.

De nombreuses perquisitions, recherches de traces papillaires et d'empreintes génétiques ont été réalisées, les siphons des éviers du domicile de chaque membre de la famille ont été explorés à la recherche du moindre indice génétique.

Agnès avait toujours environ 2000 € dans son sac ; elle vendait des œufs et autres produits de la ferme sur les marchés plusieurs fois par semaine. Ce sac n'a pas été retrouvé sur place, ni son contenu : téléphone, carte bancaire et divers documents. Ni sa carte ni son téléphone n'ont été utilisés.

La recherche du marteau a été vaine, et pour cause : il ne s'agissait pas de l'arme du crime. J'observais avec le médecin légiste les photographies de la scène de crime lorsque le regard du légiste s'est arrêté sur la barre de fer découverte sous le corps. Un zoom sur l'écran de l'ordinateur nous a permis de visualiser un écrou à six faces à l'extrémité de la barre, chaque face pouvant correspondre à la plaie constatée sur le crâne d'Agnès. Si cet outil n'avait pas été placé d'office à l'abri des regards des acteurs de l'enquête par le co-crim, les prélèvements auraient pu être réalisés plus tôt et donner des résultats, les gendarmes auraient été affectés à d'autres tâches que celle de rechercher plusieurs heures un marteau inexistant.

L'analyse des prélèvements effectués sur cet outil agricole a confirmé qu'il s'agissait bien de l'arme ayant servi à frapper Agnès. Une expertise a en effet mis en évidence la présence d'éléments pileux et osseux ainsi que le sang de la victime, tous ces éléments étaient même visibles à l'œil nu ! Ce qui paraît invraisemblable eu égard aux compétences attendues d'un co-crim… Chacune des faces de l'écrou correspondait par sa taille et sa forme à la plaie en « carré » présente sur le crâne de la victime.

Aucun profil génétique autre que celui de la victime n'a été révélé sur l'arme du crime. Le même type de barre dont se servent les agriculteurs a été trouvé sur le domaine agricole du couple où les enfants avaient l'habitude de se rendre.

Les premiers résultats des expertises génétiques ont révélé la présence d'une seule empreinte papillaire sur la vitre intérieure de la baie vitrée de la chambre d'Agnès, celle de Jean. Sous le matelas du lit de la victime, des traces génétiques de contact de Pierre et de Jean étaient présentes de chaque côté. Ce matelas avait été acheté un an plus tôt.

Le mari et les quatre enfants ont été placés en garde à vue.

S'agissant du mobile ayant pu être à l'origine d'un passage à l'acte, aucun ne pouvait concerner l'époux. Parmi les enfants, Yves, l'aîné, semblait être le préféré d'Agnès ; Aurore était enceinte de plusieurs mois, vivait en couple et n'avait manifestement pas de mauvaises relations avec ses parents adoptifs. Dès le début de l'enquête, les relations d'Agnès avec les plus jeunes avaient été décrites par les proches comme très conflictuelles, les enfants se plaignant de brimades permanentes de la part de leur mère, cette dernière confiant à ses amies et proches que Pierre et Jean pouvaient se montrer violents.

De nombreux éléments factuels ont été réunis au cours de l'enquête et exploités lors des auditions de Jean et de Pierre.

S'agissant de Jean, il niait toute participation aux faits. Il avait réglé son réveil ce matin-là pour aller travailler sur un chantier à quelques kilomètres. Il était parti après son père, avait préparé son casse-croûte et quitté la maison. Sa chambre était située à l'étage au-dessus de celle de ses parents, il n'était pas passé voir dans la chambre de sa mère avant son départ. Il n'avait rien vu ni entendu de particulier.

Il disait aimer sa mère même si celle-ci, alcoolique, lui faisait subir des brimades quotidiennement. Sur la présence de ses empreintes, tant digitale sur la vitre de la chambre de sa mère que génétique sous le matelas du lit, il a expliqué qu'il avait aidé sa mère, provisoirement handicapée, à faire le ménage et son lit ; Agnès avait en effet le bras gauche plâtré à la suite d'une chute survenue dans les jours précédents.

Sur le fait que l'un de ses collègues de travail l'avait trouvé perturbé, pas comme d'habitude lors de son arrivée le matin des faits, il n'avait rien à dire, son collègue s'était mépris.

Sur le fait qu'il avait très peu utilisé sa carte bancaire (de façon inhabituelle) dans les jours ayant suivi le décès de sa mère, il répondait qu'il avait des économies en espèces. Rêvant d'acheter un camping-car pour sillonner la France, il contestait les déclarations d'un témoin selon lequel il s'était renseigné sur le prix de ce type de véhicule dans un magasin stéphanois quelques semaines avant le crime.

Sur les échanges SMS de juin 2010, soit quelques jours avant les faits, découverts lors de l'exploitation des téléphones portables de Pierre et Jean, où il était écrit que « l'un devait s'occuper du père et l'autre de la mère », il répondait, comme son frère Pierre, qu'il s'agissait d'une simple plaisanterie et non pas du début de la planification du meurtre de leurs parents. Mais lors de sa dernière audition de garde à vue, il a déclaré vouloir dire la vérité.

Ce matin-là, il s'était réveillé peu après le départ de son père, il sommeillait dans son lit lorsqu'il a entendu arriver une voiture sur la terrasse se trouvant à l'aplomb de sa chambre. Il s'est levé et à travers le volet qui n'était pas complètement fermé, il a reconnu le véhicule de son frère, Pierre. Il a entendu des pas dans l'escalier et très rapidement, sa mère hurler. Il a prétendu être resté « prostré » dans sa chambre les mains sur les oreilles. Il a attendu quelques minutes jusqu'à ne plus entendre aucun bruit. Après avoir entendu la voiture quitter la maison, il s'est rendu dans la chambre de sa mère où il a découvert « une scène de film d'horreur ». Il a alors quitté la chambre, pris son casse-croûte et s'est rendu sur son lieu de travail.

Dans cette version, il pouvait expliquer les raisons pour lesquelles son collègue de travail l'avait trouvé bizarre. Il niait avoir participé aux coups portés sur sa mère et avoir aidé son frère.

À l'issue de sa garde à vue, il a été conduit dans mon cabinet en vue d'une éventuelle mise en examen. Lors de cet interrogatoire, il a maintenu cette version qui impliquait son frère et le disculpait, lui.

Pour sa part, Pierre niait toute implication. Il reconnaissait que les relations avec ses parents adoptifs étaient tendues. Après avoir envisagé de reprendre l'exploitation agricole à la suite de son père, il avait abandonné le projet au regard de ces difficultés relationnelles.

Le matin des faits, il s'était rendu sur son lieu de travail comme d'habitude, avait pris de l'essence et acheté des cigarettes. La station-service et le bar-tabac qu'il nous indiquait ne se trouvaient pourtant pas sur le trajet le plus court pour rejoindre son chantier. Ces arrêts n'ont pu être vérifiés, il avait payé en espèces et le gérant du bar-tabac qui connaissait Pierre n'a pas pu confirmer – ni infirmer – qu'il était passé ce matin-là ; idem pour le salarié de la station-service.

S'agissant de son ADN de contact présent sous le bord du matelas de sa mère, il affirmait avoir pu laisser son profil génétique lorsqu'il vivait au domicile familial. Lorsque nous lui avons fait remarquer que le matelas avait été changé un an auparavant, soit plus de deux ans après son départ de la maison, il n'a rien eu à répondre, pas d'explication à formuler.

Tout comme son frère, il avait accès aux outils agricoles se trouvant sur l'exploitation de ses parents. Il identifiait la barre de fer comme un outil semblable à celui qu'il avait déjà vu, il ne savait pas comment cette barre pouvait se trouver sous le corps de sa mère.

S'agissant de la présence d'un fragment de profil génétique de sa mère découvert sur un prélèvement réalisé au fond de sa sacoche, il a déclaré qu'il emmenait parfois sa mère faire des courses et que par contact avec des objets (clés de voiture, porte-monnaie…) manipulés par sa mère et rangés dans sa sacoche, cela pouvait expliquer la présence de son ADN.

Lorsqu'il a été évoqué les faits de violence qu'il avait commis sur le père d'Agnès quelques années auparavant, Pierre a rétorqué qu'à l'époque, il était jeune, et alcoolisé.

Cette fameuse nuit, toute la famille s'était rendue à la fête du village. Le père d'Agnès vivait au domicile familial, les relations entre le grand-père et ses petits-enfants qu'il nommait « les polak » étaient exécrables.

La chambre du grand-père se trouvait au rez-de-chaussée, il avait du mal à se déplacer. Au cours de la soirée, après avoir bu beaucoup trop d'alcool, Pierre a emprunté le véhicule de son père et est revenu au domicile.

Sans que l'on sache réellement ce qu'il s'est passé à ce moment-là, certainement une dispute, Pierre a fracassé la tête de son grand-père avec un téléviseur se trouvant à proximité puis il s'est emparé de son portefeuille et a quitté les lieux avec le même véhicule. Il n'est pas allé très loin puisqu'un témoin a découvert la voiture dans le fossé, Pierre se trouvait encore au volant.

Ce sont les pompiers, alertés par cet accident, qui ont ensuite porté secours au grand-père semi-conscient qui est décédé, a priori des suites de ses blessures, trois mois plus tard, sans que personne n'ait cherché à savoir s'il n'existait pas un lien de causalité entre les coups portés par Pierre et le décès du grand-père. Si Pierre a reçu un avertissement par la justice pour ces faits de violences volontaires, aucun membre de la famille n'a manifestement voulu qu'il soit plus inquiété.

Confronté aux dernières déclarations de son frère l'impliquant dans le meurtre d'Agnès, il ne comprenait pas, il a maintenu sa version, y compris lors de son interrogatoire de première comparution.

À ce stade de la procédure, j'ai considéré qu'il existait des indices graves et concordants rendant vraisemblable que Pierre et Jean aient pu commettre le meurtre aggravé de leur mère. J'ai saisi le JLD qui les a placés en détention provisoire. Les investigations se sont poursuivies sur commission rogatoire.

J'ai saisi le même service, soit la SR, après avoir organisé une réunion à laquelle étaient présents le substitut du procureur, le directeur d'enquête et le co-crim. Des mises au point et des recadrages ont été effectués. Lors de cette réunion, malgré les éléments irréfutables, le co-crim restait persuadé que la barre de fer n'était pas l'arme du crime et ne s'est à aucun moment remis en cause.

De nouvelles perquisitions ont été réalisées afin de retrouver le sac d'Agnès ou d'autres indices telles que des vêtements ou effets tâchés du sang de la victime… Sans résultat. Un appel à témoin a été lancé afin d'identifier des personnes ayant pu croiser un véhicule à proximité de la ferme le matin des faits, là encore sans résultat.

Au cours de l'hiver 2010, des chasseurs ont retrouvé le sac à main d'Agnès à quelques kilomètres du lieu des faits. L'espoir de découvrir des indices est très vite devenu vain. Les prélèvements et analyses scientifiques n'ont révélé aucune trace exploitable.

Quelques semaines après leur mise en examen, j'ai organisé une confrontation entre Pierre et Jean. J'ai senti que Jean n'était pas à l'aise, il n'osait pas regarder son frère. Lorsque j'ai demandé à Jean s'il confirmait ses dernières déclarations, il a croisé le regard de Pierre avant de répondre non. Il revenait donc sur le fait qu'il avait vu la voiture de son frère ce matin-là et qu'il était présent au moment du meurtre. Je l'ai questionné :

— Pour quelles raisons avez-vous donné cette version si vous affirmez aujourd'hui que vous avez menti ?

Il a répondu qu'il avait fait l'objet de pressions de la part des gendarmes.

— Quelles étaient ces pressions ? lui ai-je fait préciser.

— Ils me posaient toujours les mêmes questions, un peu comme vous, m'a-t-il répondu.

Si, depuis le meurtre sauvage d'Agnès, son époux, son fils aîné et sa fille ne voulaient pas croire en l'implication de leurs frères, ils ont commencé, au fil de l'instruction, à envisager leur culpabilité. Seule Aurore, la sœur, a pris la défense des suspects.

Conformément au code de procédure pénale, en matière criminelle, les auditions de garde à vue, les interrogatoires et confrontations réalisées par les enquêteurs et le juge d'instruction font l'objet d'un enregistrement. Les procès-verbaux d'audition consignent les questions posées et les réponses de façon synthétique et sont ensuite signés, après lecture, par leur rédacteur et les personnes entendues. Afin de vérifier la réalité des pressions qu'auraient exercé les enquêteurs sur les gardés à vue, leur conseil a sollicité la communication de la copie des enregistrements. Il est apparu que si les retranscriptions des déclarations étaient conformes, les enquêteurs ont, hors procès-verbal, utilisé des méthodes déloyales telles que : « ton frère a avoué, ta sœur va accoucher en prison »... propos également enregistrés. De telles méthodes, inadmissibles, ne pouvaient que polluer l'enquête.

Nonobstant ce nouvel incident, les charges réunies à l'encontre de Jean et de Pierre ont justifié leur renvoi devant la cour d'assises. Ils ont été acquittés, en février 2014. Le procureur a fait appel de cette décision et la cour d'assises d'appel les a également acquittés.

À lire les commentaires dans la presse, il s'agissait du procès d'une enquête « bâclée », « gâchée ». Il était fait mention des auditions du co-crim entendu en qualité de témoin par les deux cours d'assises. Le co-crim, qui avait depuis quitté la gendarmerie, s'est plaint du juge d'instruction « qui lui en voulait » (sic). Il restait persuadé que l'arme du crime n'était pas la barre de fer, malgré les éléments scientifiquement irréfutables démontrant le contraire !

L'assassinat d'Agnès reste à ce jour impuni.

Le fils aîné, Yves, s'est suicidé en décembre 2018. Il n'a laissé aucun écrit expliquant son geste. Il avait été très affecté par le décès brutal de sa mère adoptive. A-t-il mis fin à ses jours parce qu'il ne parvenait pas à supporter cette douleur ?

Cette affaire me laissera pour toujours un goût amer.

Il est intéressant, à ce stade, de comprendre comment les affaires sont jugées et le sens de la notion d'intime conviction. L'article 353 du code de procédure pénale guide les magistrats. Ce texte, qui est lu par le président de la cour d'assises à la fin des débats et est affiché en salle de délibéré, nous prescrit la méthode suivante :

Sous réserve de l'exigence de motivation de la décision, la loi ne demande pas compte à chacun des juges et jurés composant la cour d'assises des moyens par lesquels ils se sont convaincus, elle ne leur prescrit pas de règles desquelles ils doivent faire particulièrement dépendre la plénitude et la suffisance d'une preuve ; elle leur prescrit de s'interroger eux-mêmes dans le silence et le recueillement et de chercher, dans la sincérité de leur conscience, quelle impression ont faite, sur leur raison, les preuves rapportées contre l'accusé, et les moyens de sa défense. La loi ne leur fait que cette seule question, qui renferme toute la mesure de leurs devoirs : avez-vous une intime conviction ?

L'intime conviction n'est pas forcément la même d'une personne à l'autre.

Qu'est-ce que la plénitude ou la suffisance d'une preuve ?

Qu'est-ce qu'une preuve ? Une preuve est un indice pertinent et probant. Cette preuve peut être un élément scientifique et/ou technique (génétique, téléphonie, balistique...), un ou des témoignages concordants et circonstanciés, un ou des aveux... Un seul indice (ou preuve) ne peut suffire à asseoir une conviction.

Devant une cour d'assises, la procédure est orale ; tous les éléments à charge et à décharge, les procès-verbaux, les dépositions des témoins et experts font l'objet d'un débat contradictoire afin que la cour et les jurés se fondent une conviction. Le doute bénéficie toujours à l'accusé.

Une exhumation complexe

Outre les dossiers ouverts lors de ses permanences, le juge d'instruction est également saisi de procédures arrivant par courrier. Il s'agit notamment de crimes ou de délits pour lesquels le Procureur de la République a diligenté une enquête préliminaire pour donner suite à une plainte. Lorsque les investigations révèlent des pistes exploitables, il rédige un réquisitoire introductif visant les faits aux fins d'ouverture d'information. Le président de la juridiction concernée désigne alors le magistrat instructeur, essayant d'équilibrer le nombre de dossiers que chaque cabinet d'instruction a déjà en charge.

C'est par cette voie qu'en février 2016, l'affaire Laurent M m'a été confiée. Il s'agissait d'une enquête ouverte à Madagascar et en France sur l'assassinat de Laurent dans la ville de Tananarive, à Madagascar, en juillet 2014.

Le dossier, incroyablement mince, ne contenait que la plainte aux termes de laquelle les parents et la sœur de la victime dénonçaient le meurtre de leur proche, ainsi qu'une lettre du procureur de Saint-

Étienne aux autorités judiciaires malgaches aux fins d'obtenir des informations sur les investigations menées sur leur territoire.

La famille de Laurent résidait dans la région stéphanoise. Le couple M avait adopté Laurent alors qu'il avait 6 ou 7 ans. L'enfant, d'origine nord-africaine, avait changé de prénom et pris le nom patronymique de ses parents adoptifs. Il avait évolué dans un cadre familial aimant et chaleureux et s'y était très bien accoutumé et inséré.

À l'école, il était un enfant plutôt brillant. Il a suivi un cursus scolaire sans embûche puis choisi de suivre une formation dans la restauration. Le diplôme en poche, jeune adulte, il est parti aux quatre coins du monde pour découvrir d'autres horizons ; il gagnait plutôt bien sa vie en travaillant de façon saisonnière à l'étranger. De passage à Madagascar, il était tombé sous le charme de ce pays. Il avait alors envisagé de s'y installer, ce qu'il a concrétisé en mars 2013.

Il avait une trentaine d'années. D'abord salarié dans un bar-restaurant, il a saisi l'opportunité de reprendre un établissement du même type et a su le développer. Ses affaires marchaient bien et il a rencontré une jeune femme avec laquelle il envisageait de partager sa vie.

Le jour du drame, il était 3 heures du matin, il venait de fermer son établissement et arrivait à son domicile près de Tananarive avec la recette du jour. Il s'apprêtait à descendre de voiture pour ouvrir le portail lorsqu'une balle l'a atteint au niveau du poumon gauche. Le cri de la victime et le coup de feu ont alerté son voisin immédiat qui est venu à son secours et a rapidement appelé une ambulance. Pris en charge à l'hôpital de Tananarive, Laurent est décédé au cours de l'intervention chirurgicale, plusieurs heures plus tard.

Mon premier acte d'instruction a consisté à recueillir plus d'éléments sur les circonstances et les conditions de son rapatriement en France, informations que j'ai pu obtenir de la mère de Laurent lors de son audition de partie civile. J'ai ainsi appris que le corps de Laurent avait été rapatrié au cours de l'été 2014 et inhumé au cimetière de la commune où résidait la famille M, nous ne savions pas si le corps avait été autopsié à Madagascar, si l'ogive avait été extraite et dans l'affirmative, où elle se trouvait. Il nous fallait cette munition pour identifier l'arme du crime avec certitude. De nombreuses vérifications devaient être effectuées avant de solliciter les autorités policières et judiciaires malgaches.

J'ai très rapidement organisé l'exhumation du corps de la victime, avec l'accord des membres de sa famille. J'ai dû réquisitionner les pompes funèbres, l'institut médico-légal ainsi qu'un médecin légiste, et obtenir l'autorisation de la mairie, avant de préparer l'autopsie.

Je me suis transportée au cimetière le jour J avec ma greffière, le médecin légiste et mon directeur d'enquête. La famille n'avait pas souhaité être présente, ce que nous avons aisément compris.

Les opérations d'exhumation du cercueil ont été très longues, la terre étant humide et lourde et surtout, nous ne savions pas comment le corps avait été conservé, il fallait être minutieux. Lorsque le cercueil a pu être extrait et posé sur le bord de la tombe, une émotion et une appréhension grandissantes avaient gagné toutes les personnes présentes. Nous avons découvert qu'il s'agissait d'un cercueil en plomb, ce qui était normal puisqu'il avait voyagé en avion. Cela permettait également une bonne conservation du corps. À l'ouverture du couvercle, le corps de Laurent vêtu d'un costume, d'une chemise encore blanche et d'une cravate s'est présenté à nous, parfaitement bien conservé, il avait bénéficié de soins d'embaumement. Nous avons recherché en vain l'ogive dans le sac mortuaire et le cercueil.

Nous devions impérativement être à l'IML de Saint-Étienne à 15 heures, l'équipe du légiste nous attendant à cette heure précise, d'autres autopsies étant programmées. Nous étions en retard. C'est donc toutes sirènes hurlantes que nous avons convoyé le véhicule mortuaire jusqu'à l'hôpital. Le responsable et le chauffeur des Pompes funèbres nous ont fait remarquer que c'était bien la première fois qu'ils effectuaient un transport de corps avec des sirènes et autres alarmes lumineuses !

L'autopsie a révélé que Laurent avait effectivement bénéficié d'une intervention chirurgicale, et qu'il s'en était suivi une première autopsie. Françoise, la médecin légiste, a déterminé la trajectoire de la balle qui avait atteint le haut du poumon, de haut en bas. Selon Françoise, si la victime avait été soignée rapidement, cette blessure n'aurait pas entraîné la mort de Laurent. Il n'y avait plus d'ogive dans le corps.

J'avais suffisamment d'informations pour rédiger une commission rogatoire internationale afin de me transporter à Tananarive et de poursuivre les investigations menées à Madagascar. J'ai transmis cette demande d'entraide judiciaire mi-mai et dès la fin du mois, j'étais autorisée par les autorités malgaches à venir sur place avec mon médecin légiste, mon directeur d'enquête de la PJ de Saint-Étienne et mon expert en balistique.

Je connaissais les règles de procédure pénale à Madagascar pour y avoir déjà investigué dans le cadre de l'affaire des souris vertes. Nous avons demandé et obtenu la copie du dossier auprès du tribunal de Tananarive. J'avais également pris contact et calé des rendez-vous avec le directeur de l'hôpital où avait été admis Laurent, afin de récupérer le dossier médical, ainsi qu'avec le juge d'instruction et le policier qui avait mené l'enquête.

Nous avions prudemment apporté nos ordinateurs et imprimantes, du papier, des stylos et même des lampes frontales, sachant qu'il y avait de fréquentes coupures d'électricité. Elles nous ont été fort utiles !

Il n'y avait pas grand-chose dans le dossier que j'ai consulté. Les employés et la compagne de Laurent avaient été entendus et affirmaient ne rien savoir. Cependant, cette jeune fille avait eu avant Laurent un petit copain qui n'acceptait pas leur rupture et encore moins le fait qu'elle soit partie vivre avec un « Z'oreilles ». Laurent avait-il subi la vengeance de cet ex-copain ? La piste méritait d'être explorée.

Le directeur de l'hôpital a permis à Françoise d'accéder au dossier médical. Elle a découvert que l'intervention sur le poumon de Laurent n'avait été réalisée que six heures après l'impact ! Le chirurgien avait extrait l'ogive avant de la déposer dans une enveloppe rangée dans le sous-sol de l'hôpital, alors que la police aurait dû la placer sous scellés.

Nous l'avons récupérée. Ces investigations m'ont permis de découvrir l'état déplorable des hôpitaux malgaches où les malades ou blessés doivent acheter eux-mêmes en pharmacie et apporter ce qui permet de les soigner, s'ils en sont capables physiquement et financièrement. Ce qui explique le délai de six heures avant d'opérer Laurent.

Nous avons perquisitionné son domicile et son bar-restaurant, ce qui n'a rien donné, puis organisé une reconstitution. J'ai demandé aux services de police de trouver un véhicule similaire à celui de Laurent et convoqué le voisin immédiat pour qu'il décrive la position exacte de la voiture et celle de Laurent sur le siège conducteur. La reconstitution a débuté à 14 heures. Tous les voisins sont venus assister au « spectacle », apportant leur chaise pour nous observer confortablement !

L'expert en balistique a déterminé, d'après l'ogive, que l'arme était un pistolet 22 long rifle. Grâce aux constatations médico-légales, il connaissait la trajectoire ainsi que la distance de tir. Nous avons ainsi pu reconstituer les faits. Selon le médecin légiste et l'expert en balistique, Laurent avait les mains levées, au moins le bras gauche, quand le tir est parti.

Nous avons ensuite auditionné les membres de son environnement amical et professionnel au tribunal de Tananarive. Ces auditions étaient réalisées en notre présence par le juge d'instruction malgache en charge de l'affaire initialement. La compagne de Laurent est arrivée toute tremblante et visiblement mal à l'aise ; nous avons appris plus tard qu'elle et ce magistrat avaient été amants. Ce lien entre le magistrat et le témoin polluait nos opérations, j'en ai donc parlé au président du tribunal de Tananarive qui a désigné un autre juge d'instruction pour le remplacer dans notre enquête. Ce second magistrat instructeur, manifestement peu intéressé par nos investigations, nous a autorisés à entendre les témoins de notre choix sans sa présence.

Je menais les auditions, mon directeur d'enquête avait endossé le rôle du greffier en tapant les procès-verbaux. Lorsque le courant était coupé, souvent entre 16 et 17 heures, nous utilisions les lampes frontales pour relire les PV et les faire signer. C'était rocambolesque !

Au fil des auditions, nous avons appris que Laurent avait potentiellement d'autres ennemis que l'ex-copain de sa petite amie : des gérants d'établissements concurrents jaloux de sa réussite avec lesquels il avait eu plusieurs altercations.

La piste de l'ex-copain a été exploitée en vain, celui-ci avait quitté Madagascar peu après le crime et un mandat d'arrêt malgache courait contre lui pour des faits de trafic de stupéfiants.

Nous avons organisé des perquisitions chez les autres suspects et là encore, les lampes frontales ont été bien utiles, nos opérations intrusives se terminant en effet souvent très tard dans la soirée. Des policiers malgaches nous accompagnaient et nous laissaient libres d'effectuer toutes nos recherches. Nous avons trouvé un certain nombre d'armes, qu'ils ont confisquées. Notre expert en balistique n'a cessé de doucher nos espoirs :

— Ce n'est pas celle-ci. Non, celle-là non plus.

Nous n'avons pas trouvé l'arme du crime ni aucun élément susceptible de faire avancer l'enquête. La piste de l'ex-petit ami jaloux me semblait envisageable, mais un crime crapuleux ne pouvait être exclu, la recette ayant disparu. Cependant, Laurent ne rentrait jamais à la même heure et ne rapportait pas forcément l'argent à son domicile.

Nous sommes rentrés en France avec les PV et l'ogive, placée sous scellé. Lors des perquisitions, nous avions trouvé une montre offerte à Laurent par ses parents ainsi que sa carte d'identité. Ce sont les seuls effets personnels de Laurent que j'ai pu remettre à mon retour à ses proches, auxquels j'ai dressé un compte-rendu de nos investigations à Madagascar.

Dans le cadre d'une demande d'entraide complémentaire, j'ai sollicité à nouveau les autorités malgaches afin de continuer à exploiter la piste de l'ancien petit ami et demandé que la compagne de Laurent soit réentendue. Elles n'ont jamais répondu à cette requête de complément d'enquête.

Encore une affaire irrésolue. Les crimes impunis sont malheureusement nombreux. Le plus poignant, au-delà des sentiments de déception, voire de frustration, est de ne pas avoir pu apporter de réponses à des actes criminels et d'être confrontée à l'exacerbation de la souffrance des victimes et de leurs proches, engendrée par l'impunité.

Le juge d'instruction doit suivre en permanence, de façon générale, plus d'une centaine de dossiers délictuels et criminels dont une bonne moitié sont des affaires de viols et d'agressions sexuelles et un tiers des infractions liées au trafic de stupéfiants. Son rôle est primordial dans l'enquête et la recherche de la vérité.

J'ai vraiment aimé cette fonction au cœur de l'enquête et du terrain, en relation permanente avec les enquêteurs, les services de police, de gendarmerie. Les fonctions de juge d'instruction n'ont jamais cessé de me passionner, seulement l'évolution de la carrière d'un magistrat passe nécessairement par des changements de fonction et de secteur géographique. Je rêvais toujours d'un poste de présidente de cour d'assises. Courant 2012, dans la perspective de l'obtenir, j'ai formalisé une demande de mutation pour la Cour d'appel d'Aix-en-Provence, qui est très demandée. L'évolution de la carrière d'un magistrat passe inévitablement par l'ancienneté, même si ses compétences sont irréprochables, j'ai finalement été nommée en septembre 2013 en qualité de conseillère.

Aucun poste aux assises n'étant disponible, c'est un contentieux social qui m'a été confié. La fonction de président de cour d'assises n'est en effet pas une spécialité fléchée comme celle de président de chambre d'instruction. J'étais bien évidemment déçue, mais il fallait accepter ce nouveau challenge qui me servirait de tremplin pour une future demande de mutation.

Chapitre XI
Conseillère à la Cour d'appel d'Aix-en-Provence

La Cour d'appel est un second degré de juridiction. Si le justiciable n'est pas satisfait de la décision rendue par les juges de première instance, il a la faculté de faire appel, l'affaire est alors jugée une deuxième fois, c'est le principe du double degré de juridiction.

Les cours d'appel sont organisées en chambres spécialisées (correctionnelle, civiles, sociales, instruction, commerciales…) et ont pour mission de contrôler en droit et en fait, les litiges qui leur sont soumis. Elles examinent les éléments matériels de l'affaire et vérifient qu'il n'y a pas d'erreurs de droit.

Les magistrats, statuant le plus souvent en formation collégiale, peuvent soit confirmer la décision rendue par les premiers juges, soit l'infirmer totalement ou partiellement.

Au sein de la cour d'appel, le titre de conseiller est attribué aux magistrats affectés à une chambre, laquelle est présidée par un magistrat ayant un grade hiérarchique supérieur, celui de président de chambre.

Le recours ouvert contre les décisions rendues par une cour d'appel est le pourvoi en cassation, dernier degré de juridiction, qui ne statue qu'en droit et non sur le fond de l'affaire.

Mes connaissances et ma pratique en droit du travail remontaient à mes études de droit et à mon premier poste de juge d'instance.

Les chambres sociales de cour d'appel statuent en cause d'appel sur les litiges entre salariés et employeurs dont sont saisis en première instance les conseils de prud'hommes. Ayant eu une expérience essentiellement pénaliste, je ne me sentais pas très légitime à juger des décisions rendues en première instance. Installée le 1er septembre 2013 à 11 heures, je devais présider une audience l'après-midi même ! La panique ! Mais c'était sans compter sur la solidarité et le professionnalisme de mes collègues.

À 13 h 30, ce jour-là, la présidente de chambre, qui avait anticipé ma difficulté, a endossé la charge de la présidence d'audience à laquelle je siégeais donc comme assesseur. C'est dans ce contexte et ces conditions que j'ai commencé à découvrir une nouvelle procédure, un nouveau contentieux et une nouvelle méthode de rédaction. C'était un nouvel investissement.

Il m'a fallu six mois pour me familiariser au contentieux très spécifique, complexe et technique du droit du travail. La particularité de cette juridiction reposait notamment sur l'oralité de la procédure et la représentation et/ou l'assistance d'un avocat non obligatoire et sur la possibilité de faire des demandes nouvelles en appel, à l'époque. Ce n'est plus le cas depuis une réforme de 2016.

Le pouvoir normatif et créatif de la Cour de cassation est particulièrement important en droit du travail, matière vivante dont l'évolution est constante.

Les litiges les plus fréquents naissent à l'occasion de la rupture du contrat de travail. Les salariés qui contestent le motif du licenciement imputent souvent à leurs employeurs d'autres griefs tels que le harcèlement, moral ou sexuel, l'accomplissement d'heures supplémentaires ou de travail de nuit non rémunérées, des congés non payés, etc.

J'ai choisi pour illustrer ces deux années passées à la chambre sociale d'Aix en Provence une affaire que je n'ai pas jugée, mais à laquelle j'ai participé activement. Dans ce dossier particulièrement intéressant et plutôt cocasse, l'employeur a mené une véritable enquête policière, ce qui n'était pas sans me déplaire dans la mesure où elle me faisait replonger dans un contexte d'investigations.

L'arroseur arrosé

Lors d'une vérification de routine concernant une augmentation démesurée des notes de frais de monsieur Pierre, directeur commercial, le service comptable de l'entreprise MAXIFAX découvre que celui-ci entretenait une liaison amoureuse avec une autre salariée de la société qui en soi ne caractérise pas une faute, mais la suite est cocasse. Alors que les rendez-vous communs avec sa collègue ne devaient être qu'exceptionnels, monsieur Pierre passait en réalité le plus clair de son temps avec sa collaboratrice, n'hésitant pas à faire supporter le coût de leurs rencontres à la Société, et à utiliser les moyens de paiement professionnels pour son compte personnel. Dès lors, devant la gravité de ce comportement, après un entretien préalable, la Société a notifié au salarié son licenciement pour faute grave, un tel motif de licenciement impliquant un départ sans préavis.

Plus de 4 mois après, Monsieur Pierre a saisi le conseil de prud'hommes aux fins de contester le bien-fondé du licenciement, de déclarer les griefs qui lui sont reprochés prescrits et de voir son ancien employeur condamner à lui verser des indemnités conséquentes pour licenciement dépourvu de cause réelle et sérieuse, des indemnités au titre des heures supplémentaires non payées et du travail dissimulé… l'ensemble représentant une somme avoisinant les 200 000 €…

Le Conseil de prud'hommes a débouté monsieur Pierre de l'intégralité de ses demandes.

Après avoir relevé que les griefs reprochés au salarié n'étaient pas prescrits, les conseillers prud'homaux ont considéré que l'entreprise démontrait que celui-ci avait utilisé à des fins non professionnelles les moyens de paiement de l'entreprise et que ces faits caractérisaient une faute grave justifiant la mesure de licenciement prise à son encontre.

S'agissant des prétentions relatives aux heures supplémentaires non payées, monsieur Pierre avait fourni une liste pour apporter la preuve de l'existence d'heures supplémentaires prétendument effectuées insuffisamment précise et non datée, motifs pour lesquels il a été débouté de ces chefs de demande.

Monsieur Pierre a fait appel de cette décision maintenant que les faits reprochés par l'entreprise étaient prescrits, infondés et qu'il avait les moyens de produire une nouvelle liste suffisamment précise des heures supplémentaires non payées.

En cause d'appel, outre l'ajout de 40 nouvelles pages de conclusions, monsieur Pierre a communiqué une nouvelle liste d'heures supplémentaires extrêmement précise mentionnant les dates, jours, heures et lieux où les heures supplémentaires non payées avaient été réalisées. Cette liste était étayée de copies de mails rédigés à des heures tardives, sensées démontrer la matérialité de nombreuses heures supplémentaires, de mentions de rendez-vous le week-end, de relevés de péage attestant de sa présence sur les lieux des soi-disant déplacements professionnels. Cette liste volumineuse à laquelle étaient annexées plus de 200 pièces, établie avec une grande précision, aurait pu suffire à démontrer le bien-fondé du demandeur et conduire la cour à attribuer à monsieur Pierre les indemnités qu'il demandait.

Très souvent face à ce type de contentieux lié aux heures supplémentaires, beaucoup d'employeurs, surs de leur bon droit et par manque de temps, se défendent très mal et perdent parfois une procédure qui leur était pourtant acquise.

C'était sans compter sur la ténacité du chef d'entreprise et de son avocate.

Cette production de pièces aussi volumineuse que tardive (le jour de l'audience) tendait clairement à mettre en difficulté l'employeur et portait sérieusement atteinte au principe du contradictoire, c'est la raison pour laquelle l'avocate de l'entreprise a sollicité et obtenu un renvoi à une date ultérieure afin que son client puisse se défendre.

Les conclusions responsives du conseil de l'employeur m'ont interpellée.

L'employeur s'était livré à un véritable travail d'investigations digne d'une enquête policière. Il avait de façon pertinente et percutante analysé toutes les pièces du salarié afin de démontrer, sur le fondement de témoignages et d'éléments de preuve irréfutables, le caractère mensonger de ses prétentions.

Dans ce dossier, coté pièce par pièce, présenté par l'employeur, à la manière d'un procès-verbal, figuraient des mails de réservation des chambres d'hôtel systématiquement pour 2 personnes, avec commande d'extra tels que champagne, spa et même options coquines « déclaration d'amour » ou bouquet de roses et chocolats sur le lit. Tout cela aux frais de la princesse, comme le relèvent les conseillers prud'homaux. L'employeur produisait de nombreuses pièces pertinentes, des attestations sur l'honneur des commerçants et hôteliers précisant les demandes du salarié pour diviser les notes par deux et sans détail, des factures grossièrement trafiquées, des tickets de parking, des factures de restaurant, des relevés de péage, des factures de carburant… Autant d'éléments horodatés et géolocalisés démontrant que le salarié n'était absolument pas là où il le prétendait, ce qui prouvait que la liste des heures supplémentaires était bidon.

Le jour de l'audience, l'avocate de Monsieur Pierre s'est contentée de lire ses conclusions à la barre sans quasiment lever la tête et sans grande conviction nonobstant le volume de ses pièces. L'avocate de l'employeur ne lira pas une seule note, se promenant et virevoltant entre la barre et son pupitre pour transmettre certaines pièces importantes. Elle s'est employée tout d'abord, s'appuyant sur les éléments de preuve réunis par le chef d'entreprise, à démontrer que le licenciement était bien fondé.

Elle a plaidé que les faits liés au licenciement n'étaient pas prescrits arguant du principe qu'en matière de prescription ce n'est pas la date à laquelle les faits sont commis qui compte, mais la date où ils sont découverts par l'employeur (la prescription étant de 3 ans).

Elle a mis en exergue le fait que le salarié avait tout mis en œuvre pour dissimuler les faits allant jusqu'à falsifier les notes de frais pour duper l'employeur et qu'il n'avait aucune raison professionnelle de réaliser d'aussi nombreux rendez-vous communs avec sa collègue.

Concernant les heures supplémentaires, l'avocate de l'employeur un peu coquine, a agrémenté sa plaidoirie d'une présentation à la cour et au public se trouvant dans la salle d'une capture d'écran (qu'elle avait agrandie) de l'ordinateur professionnel du salarié « voici madame la présidente ce que fait monsieur Pierre lorsqu'il prétend travailler en heures supplémentaires… je vous laisse apprécier madame la présidente… il s'agit de ma pièce N° 69 et, ce numéro est arrivé là de façon chronologique par le plus grand des hasards » cet intermède a provoqué l'hilarité de la salle, car sur l'image brandie, issue d'une vidéo pornographique, on reconnaissait monsieur PIERRE se mettant en scène…

La comparaison entre la liste détaillée des heures soi-disant effectuées avec les mails de réservation des chambres d'hôtel, les factures détaillées des péages, des stations-service, des hôtels, des restaurants, des parkings, des relevés de carte bancaire (documents géolocalisés et horodatés) a mis en exergue le stratagème du salarié et ses manœuvres fallacieuses. L'ensemble des pièces fournies par l'employeur démontre sans doute possible que monsieur PIERRE lorsqu'il prétendait faire des heures supplémentaires tard le soir ou le week-end était en réalité avec sa maîtresse avec laquelle il passait du bon temps aux frais de la princesse.

La Cour n'a pu que confirmer en tous points le jugement du tribunal de prud'hommes.

Les conclusions responsives de l'employeur faisaient état d'une action pénale en cours diligentée à l'encontre de son salarié. J'ai appris par la suite que le salarié indélicat avait été condamné au remboursement des sommes détournées et à la peine de 5 mois d'emprisonnement avec sursis.

La morale de cette histoire est que la plupart des pièces fournies par le salarié lui-même se sont retournées contre lui… D'où le nom que j'ai donné à ce chapitre l'arroseur arrosé.

Si le traitement de ces contentieux intéressants et souvent très lourds m'a permis d'enrichir mon expérience professionnelle, la pratique du droit pénal me manquait…

Une nouvelle demande de mutation m'a conduite à la cour d'appel de Lyon, en septembre 2015.

Chapitre XII
Conseillère à la Cour d'appel de Lyon

J'avais de nouveau la charge d'un contentieux pénal. J'ai précisément été nommée à la 9e chambre correctionnelle, en charge des appels de tribunaux correctionnels du ressort dans le contentieux des violences et des affaires de mœurs ainsi que des appels des décisions rendues par les juges de l'application des peines. À défaut d'avoir décroché le poste de présidente d'assises, j'étais satisfaite de cette affectation qui me permettait d'enrichir mes expériences antérieures.

Pendant un an, j'ai exercé en qualité d'assesseur dans la formation collégiale. Nos audiences, à raison de trois par semaine, étaient extrêmement chargées, au rôle de chacune d'elles figuraient au moins une affaire de mœurs, souvent un viol correctionnalisé, et une voire deux affaires de violences intrafamiliales.

À ce stade de mon propos, il est important d'expliquer dans quelles conditions et circonstances les viols ou vols avec arme « perdent » leur qualification criminelle pour être jugés en correctionnel et non aux assises.

Depuis de nombreuses années, le stock des affaires à juger par les cours d'assises ne cesse d'augmenter et les délais d'audiencement sont en conséquence de plus en plus longs. Les règles de procédure ne sont pas les mêmes : outre la participation des jurés, aux assises, la procédure est orale, ce qui implique du temps consacré à l'audition du directeur d'enquête, des principaux témoins des faits et de personnalité, des experts… Il en découle que le temps d'audience d'une affaire examinée par une cour d'assises n'est pas le même qu'en correctionnel. Une affaire de viol est jugée en au moins deux jours aux assises pour deux à trois heures en correctionnel.

Le temps de travail des greffiers et personnel de greffe est également plus important aux assises, en outre, les salles d'audience adaptées aux débats de cours d'assises ne sont pas assez nombreuses. Pour toutes ces raisons, afin de juger certaines affaires dans un délai raisonnable, les magistrats instructeurs, après avis favorable du parquet et de la partie civile, décident de correctionnaliser une affaire criminelle. En pratique, les circonstances de commission des faits telles que la pénétration pour le viol et l'utilisation d'une arme pour le vol ne sont pas visées dans l'ordonnance de renvoi du juge d'instruction, les faits revêtent alors la qualification d'agression sexuelle ou de vol avec violence, pour le second exemple. Il est évident que cet artifice juridique n'est pas satisfaisant pour les victimes, il est critiquable et est depuis longtemps légitimement critiqué.

Une réforme mise en œuvre depuis la loi du 23 mars 2019 qui a créé les cours criminelles départementales sans jury populaire vise à assurer un traitement plus rapide des procédures criminelles et ainsi limiter cette pratique de correctionnalisation. Ces juridictions ont été mises en place de façon expérimentale dans plusieurs cours d'appel avant d'être généralisées en janvier 2023.

Sont concernés par ces cours, composées de cinq magistrats professionnels, les crimes punis de 15 à 20 ans de réclusion criminelle, dont majoritairement des affaires de viol. Les décisions frappées d'appels sont jugées par des cours d'assises avec neuf jurés, formation habituelle de la cour d'assises statuant en appel.

Hélas, le bilan de trois ans d'expérimentation révèle que le nombre de dossiers correctionnalisés n'a pas baissé. Et si les délais d'audiencement sont moins longs de quelques mois, il reste à résoudre les difficultés liées au manque de greffiers et de magistrats, sans oublier le problème de l'insuffisance des salles d'audience. À suivre, donc…

Outre les audiences collégiales, chaque chambre correctionnelle assurait une audience à juge unique statuant sur les appels des tribunaux de police compétents en matière d'infractions routières, de chasse, de pêche… ainsi que les dossiers d'intérêts civils.

Le contentieux des étrangers (recours contre les obligations de quitter le territoire français rendues par le préfet) occupe également cinq à six magistrats des chambres pénales (il y en avait trois à Lyon) tous les jours de la semaine, des audiences que nous nous répartissons. Il s'agit d'un contentieux difficile, car technique et relevant plus du droit administratif.

Au regard de l'ensemble de ces contentieux, il était fréquent d'assurer une audience chaque jour de la semaine, charge à laquelle s'ajoutent les permanences du week-end.

À partir de septembre 2017, j'ai fait fonction de présidente de chambre. Puis, en septembre 2018, un collègue a quitté son poste aux assises et m'a ainsi permis d'accéder à cette fonction.

Aux assises à Lyon

J'ai su au mois de juin 2018 que ce poste des assises se libérait à compter du mois de septembre, le magistrat concerné ayant fait valoir ses droits à la retraite. J'allais le remplacer en octobre 2018.

J'ai bénéficié d'une semaine de stage à Paris pour me familiariser avec la procédure pénale très particulière qui s'applique à la cour d'assises. Pour parfaire ma formation, j'ai siégé en qualité d'assesseur dans plusieurs procès. C'est dans ce contexte que j'ai eu à connaître d'une affaire sordide par les circonstances du crime et la personnalité de son auteur.

En novembre 2018, la cour d'assises du Rhône statuait en appel d'une décision rendue par la cour d'assises de Mâcon en septembre 2016. Voici les faits.

Une vie volée, la ballerine assassinée

Le 19 mars 2005, Anne, une brillante étudiante en troisième année de médecine de 20 ans, a disparu à la sortie du théâtre de Mâcon. Elle venait de participer à un gala de danse ; son petit ami, sa famille et ses copains étaient venus partager ce moment. Vers 22 h 30/23 h, à l'issue de la représentation, elle s'est attardée devant le théâtre pour discuter avec ses amies de la danse, ses proches l'ont laissée. Elle souhaitait rentrer un peu plus tard, son véhicule se trouvait sur le parking près de la salle de spectacle.

Ses parents, inquiets de ne pas la voir regagner le domicile familial, ont appelé son petit ami vers une heure du matin. Lui aussi s'inquiétait. Pensant qu'elle ait pu avoir un accident, ils ont effectué en vain le parcours habituel emprunté par la jeune fille entre le théâtre et son domicile puis signalé les faits aux services de police qui ont entrepris des recherches dès le lendemain. L'exploitation des caméras de surveillance couvrant le centre-ville et ses abords n'a donné aucun résultat.

En accord avec le procureur, la police a lancé un appel à témoins dont le retour s'est rapidement avéré intéressant : une femme qui avait assisté au gala est venue signaler un fait étrange. Alors qu'elle rentrait chez elle en compagnie d'une amie et qu'elle longeait un pont sur la Saône, elle avait cru voir une lumière en contrebas à la surface du fleuve. Intriguée, elle avait opéré un demi-tour, mais n'avait plus rien constaté. C'était une piste intéressante à exploiter, la lumière observée par le témoin pouvait être celle d'un phare d'une voiture en train de couler dans la Saône.

Des scaphandriers de la gendarmerie ont sondé la zone et malgré une faible visibilité sous l'eau, ils ont fini par repérer le véhicule, lequel a été sorti avec toutes les précautions imposées par les nécessités de l'enquête. Ce véhicule était bien celui de la jeune fille, mais il était vide de tout occupant. Les recherches se sont poursuivies pour retrouver la jeune disparue. Avait-elle été enlevée ? Était-elle séquestrée ? La famille gardait l'espoir de la revoir vivante.

Anne était décrite par sa famille et ses amis comme une jeune fille ouverte, très sociable, prête à rendre service et aider son prochain, ainsi, on ne pouvait exclure qu'elle ait pu faire monter dans sa voiture une personne prétextant par exemple être tombée en panne. Tous les scénarios étaient envisagés…

Lorsque les constatations sur les lieux et les opérations de police scientifique ont débuté, Anne avait disparu depuis trois jours. De gros moyens ont été mis en œuvre dans le cadre des investigations. Un maître-chien de la gendarmerie a mis sa chienne berger allemand, Gina, sur la trace de la jeune victime. En partant de l'hypothèse selon laquelle Anne était sortie du véhicule avant que celui-ci ne soit poussé dans le fleuve, le maître-chien, après avoir présenté à sa chienne plusieurs objets et vêtements lui appartenant, celle-ci l'a conduit à l'endroit où le véhicule avait stationné avant de se retrouver dans l'eau. Gina, la truffe au sol, a parcouru le chemin de halage qui longe la route en contrebas jusqu'à un centre nautique.

Anne avait, selon toute vraisemblance, tenté d'échapper à un – ou plusieurs – agresseur(s) en courant jusqu'à ce bâtiment abandonné qui appartenait au CREPS, où elle aurait été tuée et poussée dans le fleuve. Cette piste était corroborée par le témoignage d'un automobiliste qui circulait au-dessus de ce chemin et qui déclarait avoir vu, à l'heure présumée des faits, une personne se déplacer dans ce sens.

S'agissant de l'examen de l'automobile, il a été constaté que la ceinture côté passager était bouclée et que le siège conducteur était reculé, montrant que quelqu'un de plus grand que la conductrice habituelle avait conduit le véhicule. Des prélèvements ont été réalisés dans l'habitacle, là où l'on pouvait estimer que ce conducteur avait laissé son profil génétique : sur le pommeau du levier de vitesses, la manette servant à régler le siège, les poignées de portières intérieures et le rétroviseur central. L'analyse de ces prélèvements a permis d'extraire un profil masculin partiel non exploitable.

Douze jours après que la voiture a été sortie de l'eau, le corps d'Anne a été découvert flottant sur la Saône, en aval du centre nautique. Elle présentait des traces de coups au visage et sur le corps, son soutien-gorge était vrillé, sa culotte déchirée. L'autopsie a révélé qu'elle était morte par suffocation, certainement par strangulation. Si les lésions présentées par la victime et l'état de ses vêtements permettaient de suspecter une agression sexuelle, le médecin légiste n'a pu ni le confirmer ni l'infirmer. L'analyse des prélèvements réalisés sur ses vêtements a révélé le même profil masculin, mais encore trop partiel. Il a fallu attendre juin 2012 et l'évolution des techniques d'analyse et d'extraction de l'ADN pour voir progresser et aboutir les investigations.

Ce sont en effet de nouvelles méthodes d'extraction, plus sensibles, qui ont permis de mettre en évidence le profil complet de celui qui avait laissé ses cellules épithéliales dans la voiture et sur les effets vestimentaires d'Anne.

Notre ADN peut en effet être transféré par contact sur des objets ou des personnes. Ce matériel génétique provient des cellules issues de différentes matrices : le sang, le sperme, les éléments pileux, les cellules épithéliales.

S'agissant des conditions de conservation d'une trace de contact pour obtenir des résultats probants, elles sont variables et dépendent des agressions environnementales telles que la chaleur, le vent, l'humidité… De la même façon, la quantité et la qualité du matériel génétique laissé par une personne sur une surface varient d'un individu à l'autre.

À l'occasion de cette affaire, j'ai découvert que le profil génétique d'une personne pouvait être révélé même après une immersion de plusieurs jours ou semaines.

C'est donc une nouvelle analyse de l'ADN, mis en évidence en 2005, qui a permis d'extraire un profil complet, lequel était inscrit au FNAEG (Fichier national des empreintes génétiques). Ce profil était celui de John, enregistré au FNAEG en raison de ses condamnations dans plusieurs affaires de violence et de vol. Les investigations se sont poursuivies, concentrées sur l'environnement et la localisation du suspect. Il en résultait que John avait assisté aux obsèques d'Anne alors même qu'aucune relation connue ne les reliait, qu'il avait été impliqué précédemment pour avoir immergé un véhicule dans le cadre d'une escroquerie à l'assurance et qu'il fréquentait un bar-restaurant dans la commune où vivait la famille de la jeune victime.

L'exploitation des éléments bancaires le situait dans une zone proche du lieu du crime au jour de sa commission. John a été interpellé courant juin 2012. Il a, de façon constante, nié être l'auteur de ces faits.

S'agissant de ses moyens de défense, il a affirmé qu'il ne connaissait pas la victime, mais qu'il s'était rendu à ses obsèques parce que l'une de ses relations y était allée et qu'il n'avait fait que l'accompagner. Il a confirmé fréquenter le bar-restaurant situé à proximité du domicile d'Anne, mais ne jamais l'avoir croisée ni aperçue. L'emploi du temps très flou qu'il a fourni pour la nuit des faits n'a pu être confirmé.

Sur la présence de son ADN, il a donné diverses versions, notamment celle où il était monté dans un véhicule volé, ce qui pourrait expliquer la présence de son ADN dans la voiture et par transfert sur les vêtements d'Anne ! Cette version, plus qu'improbable scientifiquement, pour ne pas dire franchement loufoque, ne résistait pas à l'analyse : le véhicule de la victime n'avait pas été volé. En outre, le recul du siège conducteur correspondait à sa taille. Enfin, il ne pouvait pas expliquer la présence de son ADN sur la jupe et la culotte de la victime.

Mis en examen en juin 2012, il a été placé en détention provisoire.

Les experts psychologues et psychiatres ayant examiné John n'ont pas relevé de pathologie psychiatrique ni de troubles flagrants de la personnalité, seule une tendance à l'impulsivité a été retenue. Aucun fait marquant dans son enfance et son parcours de vie de nature à expliquer un tel passage à l'acte n'a été mis en exergue.

Si, comme je l'ai déjà indiqué, le mobile ne figure pas dans les éléments constitutifs d'un crime ou d'un délit à démontrer, l'identifier permet de comprendre les raisons du passage à l'acte. Certains mobiles apparaissent parfois évidents comme la vengeance, la jalousie, l'appât du gain, la réalisation de fantasmes…

Il n'existe pas de profil type du délinquant. Pour en revenir à la personnalité de John et au mobile qui l'aurait animé, on ne peut qu'émettre des hypothèses, dont celle de l'accomplissement d'une pulsion agressive, voire sexuelle, à laquelle il n'a pu résister.

À l'issue de l'instruction enrichie par de nouvelles investigations et de nouvelles expertises génétiques, John a été renvoyé devant la cour d'assises de Mâcon en septembre 2016. Il a été déclaré coupable et condamné à trente ans de réclusion criminelle assortie d'une période de sûreté de 20 ans. Il a fait appel. C'est devant la cour d'assises de Lyon que s'est tenue le second procès.

Les débats, qui ont duré quinze jours, ont été éprouvants pour la famille d'Anne. Nous avons entendu les parents, le frère et tous ses proches. Tous ont exprimé leur incompréhension, leur colère et leur désarroi face à ce crime odieux. Ils n'ont obtenu aucune réponse sur ce qu'avait vécu Anne dans ses derniers instants, sur la motivation de son agresseur. L'accusé est resté muré dans ses dénégations.

À la demande des avocats de l'accusé, la cour d'assises s'est transportée sur les lieux du crime, mesure exceptionnelle rarement réalisée au cours d'une audience. Le président a dû organiser le transport de la cour, des jurés et de la greffière, prévoir avec le service d'ordre la sécurisation des lieux et convoquer toutes les parties et leurs avocats. L'enregistrement sonore des débats étant obligatoire en cause d'appel, nous nous sommes déplacés avec notre système d'enregistrement. Ce transport nous a permis de visualiser le parcours qu'aurait dû emprunter Anne à la sortie du parking, pas très éloigné du pont au pied duquel son véhicule a été immergé, et de cheminer jusqu'à la base nautique, trajectoire suivie par la chienne de la gendarmerie. Nous nous sommes approchés du ponton et de ses piliers où le corps sans vie d'Anne a dû être retenu un temps avant d'être libéré par le courant. Nous nous sommes dirigés ensuite sur la route, à l'endroit où l'un des témoins avait vu une personne se déplacer sur la berge. Ce déplacement a été essentiel pour comprendre le déroulement des faits tels qu'il a pu être reconstitué grâce aux différents témoignages, aux constatations médico-légales et aux résultats des analyses génétiques.

À l'issue du délibéré, l'accusé a été déclaré coupable et condamné à la réclusion criminelle à perpétuité avec une période de sûreté de 22 ans, c'est-à-dire la peine maximale.

Au revoir, petite sœur

Si cette année 2018 a été marquante dans ma vie professionnelle, elle m'a parallèlement confrontée à un évènement familial dramatique : le décès de ma petite sœur Estelle.

Estelle, de huit ans ma cadette, avait construit une vie agréable. Bibliothécaire à Saint-Étienne, elle était mariée et mère de deux filles, Mathilde et Solène. En 2013, les médecins lui ont diagnostiqué un cancer du sein plutôt agressif.

Après une intervention chirurgicale lourde, elle a suivi des séances de chimiothérapie puis de radiothérapie. Elle a traversé cette épreuve avec beaucoup de courage, affirmant qu'elle serait plus forte que la maladie. Elle a connu ensuite une année de répit, ce qui lui a permis de reprendre le cours de sa vie, son activité professionnelle et de voyager à nouveau.

Nous avions l'habitude de partir ensemble chaque année pour les vacances de Pâques. Nous avons partagé des moments inoubliables dans le sud de la France, au Brésil, dans les îles Canaries…

Malgré une première rechute, puis une seconde, Estelle a toujours manifesté la volonté de se battre, elle n'a jamais baissé les bras, nous donnant à tous une leçon de courage et de force. Alors qu'elle était très affaiblie, Estelle a souhaité organiser un voyage à Madère en avril 2018. Elle était consciente de son état, elle a cependant souhaité faire ce dernier voyage, entourée de ses proches. Ma sœur est décédée peu après notre retour.

Il n'y a pas de mot pour décrire la souffrance physique et psychologique qu'elle a endurée pendant toutes ces années de combat. Elle me manque tellement…

La maladie puis le décès d'un proche sont injustes et terribles, mais le plus difficile est de devoir, impuissant, assister à sa souffrance et la détérioration de son état de santé. Manu, son époux, Mathilde et Solène, ont surmonté cette épreuve avec courage.

Une fois passé le temps et l'épreuve du deuil, mes nièces ont pris leur destinée en main, malgré leur jeune âge. Elles se sont concentrées sur leurs études. Solène a décroché son bac avec mention et Mathilde en master de droit se destine à être magistrate. Je suis très fière d'elles.

Recevoir un diagnostic de cancer est bouleversant, cette maladie est tellement associée à la mort, même si de nombreux cancers sont soignés ! J'ai vécu cette expérience en juin 2011, j'avais 51 ans. Entre le moment du diagnostic, un cancer du sein, et la mise en place du protocole de soins, on passe par toutes les phases : peur, tristesse, colère, espoir, désespoir…

Après une intervention chirurgicale au début du mois de juillet et un traitement de radiothérapie à raison de quatre séances par semaine jusqu'au mois d'octobre, l'espoir était au rendez-vous… même si on se sent toujours en sursis. L'épreuve physique et psychologique que nous inflige la maladie est terrible. Contrairement à ma sœur, j'ai eu la chance de ne pas avoir besoin de chimiothérapie et la fatigue liée à mon traitement était supportable, de sorte qu'à aucun moment je ne me suis arrêtée de travailler.

Mes vacances d'été m'ont permis de prendre du repos après l'intervention chirurgicale puis, s'agissant des séances de radiothérapie, je faisais en sorte de prendre des rendez-vous tôt le matin. J'étais persuadée que face à la maladie, le travail pouvait constituer un exutoire permettant de maintenir une structure dans la vie quotidienne, une certaine estime de soi, un sentiment de contribution à la société.

Ce retour dans le passé en lien avec la maladie et le décès de ma sœur me permet de revenir un peu sur ma vie personnelle et familiale. La question que je me suis souvent posée concerne l'équilibre nécessaire que je devais maintenir entre ma vie personnelle, mon rôle de mère et mon investissement professionnel. Tant que l'âge et la scolarité de mes enfants exigeaient ma présence, j'ai choisi d'exercer des fonctions me permettant de consacrer le temps nécessaire à nos échanges, à leur écoute, au suivi de leur scolarité, autant de temps d'affection, d'attention et d'amour.

Lors de mes premières affectations (Le Puy-en-Velay, Saint-Étienne), je pouvais m'organiser et travailler à mon domicile en dehors des audiences, mais comme beaucoup de mamans qui travaillent, j'avais le sentiment de ne pas être suffisamment présente. J'ai cependant eu la chance d'être épaulée efficacement par mon mari, maman et des nounous.

De caractère ouvert et facile, Nicolas et Thomas ont grandi et se sont épanouis sans difficulté aucune. Ils ont très vite acquis leur autonomie, suivi les études qu'ils ont choisies, découvert le monde du travail dans le cadre des contrats de travail étudiant qu'ils dégotaient l'été, avant de se réaliser dans leur métier et leur vie personnelle.

Avec du recul, je pense que grandir en famille avec des parents heureux, épanouis dans leur vie personnelle et professionnelle, laisse un héritage précieux aux enfants.

En novembre 2018, Nicolas s'était installé avec sa compagne Elodie et ils ont donné naissance à leur premier enfant, Natéo, le 4 janvier 2016. Thomas partageait sa vie avec Marie-Charlotte, Salvatore gérait la société BVSPORT avec nos deux enfants, tout en organisant la transmission de l'entreprise ; je venais de terminer ma formation de présidente de cour d'assises.

Le moment était venu pour un nouveau challenge.

Chapitre XIII
Présidente de cour d'assises à Lyon

Une petite introduction historique s'impose. Les tribunaux criminels départementaux composés pour partie de jurés, ancêtres de nos cours d'assises, ont été créés par une loi de septembre 1791. Le principe de la souveraineté nationale inscrit dans la Déclaration des droits de l'homme impliquait que la justice soit rendue au nom du peuple français par des représentants du peuple. C'est avec le code de l'instruction criminelle de 1808 que ces tribunaux ont pris le nom de cours d'assises.

En 1958, le code de procédure pénale a remplacé le code de l'instruction criminelle. À partir de l'année 1960 sont intervenues de nombreuses modifications relatives à l'organisation et au fonctionnement des cours d'assises, dont la plus notable est celle issue de la loi du 28 juillet 1978, instaurant le principe du tirage au sort des jurés sur les listes électorales.

Jusqu'à la loi du 15 juin 2000, les décisions rendues par la cour d'assises ne pouvaient faire l'objet que d'un pourvoi en cassation, elles n'étaient pas susceptibles d'appel.

L'absence d'un second degré de juridiction n'était en effet pas conforme à la convention européenne des droits de l'homme, ratifiée par la France en 1988. De nouvelles dispositions législatives votées depuis cette réforme ont encore apporté quelques modifications telles que l'obligation de motiver la décision, tant sur la culpabilité que sur la peine.

Cette obligation de motivation introduite par la loi du 10 août 2011 répond à l'exigence d'un procès équitable. En cas de condamnation, la motivation doit reprendre les éléments qui ont été débattus à l'audience et exposés pendant les délibérations et qui ont convaincu la cour et les jurés pour chacun des faits reprochés. En cas d'acquittement, la décision doit être pareillement motivée.

Au-delà de sa fonction explicative pour l'accusé et la partie civile, la motivation de la décision d'une cour d'assises permet de vérifier le respect du contradictoire et des droits de la défense.

Le cadre juridique actuel prévoit que la cour d'assises statuant en premier ressort est composée de trois magistrats professionnels, dont le président, et six jurés tirés au sort au début de chaque affaire examinée au cours de la session. Actuellement, la majorité nécessaire à une décision défavorable à l'accusé est de sept voix, cela veut dire qu'il faut au moins sept voix sur neuf pour que l'accusé soit déclaré coupable. Jusqu'au 1er février 2022, six voix suffisaient.

Lorsqu'elle statue en appel, la juridiction est composée de trois magistrats professionnels et de neuf jurés, la majorité est dans ce cas-là de huit voix au moins.

La dernière évolution législative date de la loi du 22 décembre 2021, qui a instauré les cours criminelles départementales, composées uniquement de magistrats professionnels, compétentes pour juger les crimes punis de 15 ou 20 ans de réclusion criminelle, lorsqu'il n'y a pas de récidive légale. Les appels des décisions de ces cours sont examinés par la cour d'assises siégeant avec ses neuf jurés.

Il existe une cour d'assises par département, rattachée à une cour d'appel. En fonction de la taille de la cour d'appel, les cours d'assises siègent ou non en permanence. Dans les grandes agglomérations comme celles de Paris, Lyon, Lille ou Aix Marseille, il existe plusieurs sections de cour d'assises qui siègent en permanence, les dossiers étant répartis par section et par sessions. Ces dossiers sont inscrits aux sessions par ordre de priorité, les affaires dans lesquelles les accusés sont en détention provisoire sont priorisées.

Le travail du président d'assises commence au stade de la fixation de chaque dossier : choisir dans le stock de dossiers en attente, ceux qui doivent être jugés avant l'expiration des délais raisonnables de détention préventive, mais faire passer également les dossiers anciens, combien de jours d'audience prévoir, consulter les avocats pour vérifier leur disponibilité…

Puis vient le temps à consacrer à l'étude des affaires. En règle générale, on dispose d'autant de jours de préparation que de jours d'audience.

L'ouverture de la session débute par la révision de la liste des jurés. L'audience débute par cette révision, 45 jurés titulaires et suppléants sont convoqués. Cette audience publique tenue par la cour composée des trois magistrats professionnels vise notamment à vérifier l'état civil, les informations personnelles et le casier judiciaire de chacun des jurés, et à statuer sur des demandes de dispense pour motifs médical, personnel ou professionnel. C'est notre premier contact.

En grande majorité, les jurés sont angoissés à l'idée de participer à cette œuvre de justice, certains affirmant ne pas se sentir légitimes, d'autres disant craindre de devoir juger, par peur de représailles…

À l'issue de l'audience de révision, le président réunit les jurés pour leur expliquer de façon synthétique l'organisation judiciaire, le déroulement des audiences, le rôle et la fonction de tous les acteurs du procès (magistrats du siège et avocat général, greffier, huissier appariteur, parties civiles, avocats des parties civiles et de la défense), les grands principes tels que la présomption d'innocence, le droit au silence de l'accusé, l'intime conviction, le bénéfice du doute… Il leur est expliqué également les règles de récusation de l'accusé et de l'avocat général.

Le droit de récuser les jurés appartient en effet à l'accusé et à l'avocat général, et la récusation n'a pas à être motivée. Cette récusation s'exerce lors de la formation du jury, en début d'audience publique. Elle peut surprendre et froisser les jurés.

On leur fait comprendre que le motif de récusation peut être lié à leur profession si celle-ci est la même que la victime. Si, par exemple, l'accusé comparaît pour vol à main armée au préjudice d'une banque, un juré exerçant le métier de banquier sera récusé. Cela peut aussi tenir à leur sexe, une femme pourra être récusée s'il s'agit d'une affaire de viol… En principe, l'avocat général récuse peu, il le fait principalement lorsqu'il lui apparaît nécessaire d'équilibrer un jury entre hommes et femmes par exemple.

Certains avocats ne récusent jamais, considérant qu'il faut faire confiance au tirage, d'autres le font pour les raisons exposées ci-dessus.

Les jurés sont invités à prendre note de tout ce qui semble utile à la manifestation de la vérité, notamment lors des dépositions de témoins, victimes, experts et accusé. La procédure est en effet orale, seuls le président, l'avocat général et les parties connaissent et maîtrisent le dossier. On recommande aux jurés de ne pas manifester leur opinion au cours des débats, cette prohibition s'appliquant également aux magistrats professionnels. Il pèse sur chaque membre de la cour l'obligation de ne pas laisser entrevoir par un geste, une mimique ou une parole son avis sur la culpabilité ou l'innocence de l'accusé.

Le déroulement du délibéré leur est ensuite expliqué. Cette formation, qui dure entre deux et trois heures, est dispensée par le président, auquel s'adjoignent parfois l'avocat général et les avocats qui expliquent leur rôle, ainsi qu'un représentant de l'administration pénitentiaire.

À ce stade de mes propos, il est opportun d'indiquer qu'il existe autant de pratiques différentes de gérer les audiences et les délibérés que de présidents d'assises. Je ne peux évoquer que ma pratique personnelle, qui a bien entendu évolué au fil des dossiers.

J'avais pour habitude de suspendre l'audience toutes les deux ou trois heures pour permettre aux jurés de souffler ; les débats nécessitent en effet une attention constante et sont souvent intenses en émotion. On se retrouve alors en salle de délibéré, qui sert aussi de salle de repos, où l'on peut partager un café, un thé et parfois des viennoiseries. Ce sont aussi des moments de convivialité et d'échanges sur des questions de procédure.

Le délibéré est un moment important en cour d'assises. Comment aborde-t-on un délibéré ? Voici ce que j'expliquais en préambule aux jurés : le délibéré porte en premier lieu sur la culpabilité, la discussion et le vote sur la peine interviennent dans un second temps, si la culpabilité a été retenue. Il est absolument nécessaire de mener le délibéré de façon pédagogique, c'est la raison pour laquelle j'expliquais les notions juridiques sur lesquelles devaient s'appuyer les échanges et leur donnais des outils et des clés de réflexion.

Comme je l'ai évoqué précédemment, chaque infraction, chaque crime est défini par la loi dans tous ses éléments constitutifs : l'élément matériel et l'intention.

Le meurtre, par exemple, est le fait d'avoir volontairement donné la mort à autrui. On doit rechercher, selon le cas d'espèce, si la blessure mortelle par arme à feu ou par arme blanche a été infligée à la victime par l'accusé et ensuite, si cet acte de violence a causé la mort. Si les éléments du dossier nous permettent de répondre oui à cette question, on doit s'interroger sur l'intention homicide, c'est-à-dire : avait-il, au moment où il a tiré sur la victime, l'intention de tuer ? C'est une question subjective extrêmement difficile pour laquelle la Cour de cassation propose des pistes de réflexion, ainsi, une présomption d'intention homicide peut s'induire des circonstances dans lesquelles les faits ont été commis. Des éléments factuels et médico-légaux permettent de caractériser la volonté homicide : le fait d'utiliser une arme dangereuse et létale, la partie du corps atteinte (tête, thorax), le nombre de coups de feu ou de couteau…

Si la volonté de tuer n'est pas retenue, il faut alors poser la question des violences volontaires avec arme ayant entraîné la mort sans intention de la donner, qui constitue également un crime, mais moins sévèrement puni.

Une affaire comporte toujours des zones d'ombre, tel un puzzle dans lequel il manque des pièces. Les investigations, qui durent souvent plusieurs années, n'apportent généralement pas les réponses à toutes les questions et au stade du jugement, on ne peut travailler et se forger une opinion qu'avec les éléments du dossier débattus oralement et contradictoirement à l'audience.

Plus les éléments (pièces de puzzle) sont nombreux, plus on a un dessin, un schéma d'ensemble, une présentation des faits (puzzle) claire. On liste tous les éléments probants qui convergent vers une image cohérente, on échange sur la plénitude et la suffisance de ces éléments, avant que chacun des membres de la cour et du jury vote en son intime conviction. Lorsque le président considère que chacun des jurés et magistrats a pu exprimer son avis sur chacune des questions posées, il procède au vote, qui s'effectue à bulletin secret.

Je vous avais promis d'évoquer la toque du juge, cet accessoire d'apparat que l'on sort de sa boîte une fois par an. Eh bien, je lui ai trouvé une fonction : celle de servir d'urne recevant les bulletins de vote, petits papiers pliés en deux déposés dans la toque. Original, non ? C'est mieux qu'une boîte de biscuits vide !

Restons dans l'affaire de meurtre. Il faudra répondre oui ou non aux questions suivantes :

– L'accusé a-t-il volontairement exercé des violences sur la victime ?

– Lesdites violences ont-elles entraîné la mort ?

– L'accusé avait-il l'intention de donner la mort ?

En application de la législation actuelle, en première instance, sept voix sur neuf sont nécessaires à chacune des questions pour que la culpabilité soit retenue, et huit voix sur douze en appel.

On suit le même procédé de discussion et de vote pour chaque circonstance aggravante du crime telles que la préméditation, la minorité de 15 ans de la victime, la qualité de conjoint ou d'ascendant de la victime…

Dans l'hypothèse où l'accusé a été déclaré coupable, le délibéré va se poursuivre sur la peine à prononcer. Notre référence est la peine prévue par la loi, plus exactement la fourchette entre le maximum et le minimum, ainsi que la peine requise par l'avocat général. On s'attarde sur le sens de la peine, sa nécessaire individualisation, les modalités de son exécution…

Choisir un quantum de peine n'est pas une tâche facile, même pour les magistrats professionnels. Elle doit tenir compte de la gravité et des circonstances de la commission des faits, de l'âge de la victime, du nombre de victimes, de la personnalité de l'accusé, des antécédents judiciaires de celui-ci, des risques de récidive, des gages de réinsertion du condamné, de l'importance des préjudices subis par la victime et ses proches.

Les jurés sont informés que la peine prononcée n'est pas forcément celle qui sera exécutée.

J'ai évoqué précédemment, dans le chapitre de l'application des peines, leurs modalités d'exécution. Le condamné bénéficie en effet d'un crédit de réduction de peine d'environ cinq mois par an, conservé ou non en tout ou partie en fonction de son comportement en détention, de ses efforts et projets de réinsertion. Il est important que les jurés soient informés de ces modalités, même s'ils ne doivent pas entrer en compte dans le choix du quantum de peine. Une fois toutes ces règles posées, chacun s'exprime.

Les échanges sont très constructifs, les ressentis souvent différents, on observe des écarts parfois importants sur le quantum envisagé. On passe ensuite au vote, toujours à bulletin secret.

La peine maximale nécessite sept voix sur neuf ou huit sur douze en appel. Pour une peine inférieure, elle est acquise par six voix au moins ou sept en cause d'appel.

Au-delà de l'aspect technique de la procédure de la cour d'assises et du rôle de son président, ce qui m'a le plus marqué d'un point de vue relationnel et humain, c'est la connexion avec les jurés, la richesse de nos échanges, le sentiment d'apprendre beaucoup d'eux, autant que j'ai pu leur apporter de mon expérience. Une grande majorité des jurés qui ont exercé leur mission à mes côtés me disaient, en fin de session, avoir vécu une expérience unique, riche en émotions et avoir une autre conception du fonctionnement de la justice.

La particularité de la pratique de la fonction de présidence d'assises réside également dans le formalisme et la rigueur de la procédure. Le président est un peu comme un chef d'orchestre, il doit gérer le temps, les plannings, les auditions des témoins, des experts, l'intervention des parties, des avocats, du public, de la presse… Et aussi, son stress…

Le déroulement de l'audience, animée très souvent par des tensions, des manifestations de grande émotion, de haine et de rancœur, doit être maîtrisé. Le président doit veiller à mener les débats de la façon la plus sereine possible, il doit avoir un ton juste et respectueux vis-à-vis de tous les acteurs du procès et une approche totalement impartiale.

Les dossiers se succèdent dans un rythme soutenu. Il est primordial d'anticiper les sessions au regard du travail de préparation et des délais de convocation. Sur une session, on peut juger plusieurs affaires, de sorte que, quelle que soit l'heure à laquelle le verdict est rendu (parfois dans la nuit), il faut enchaîner le lendemain sur un nouveau dossier.

Un viol conjugal

Si j'ai longtemps attendu ce moment, c'est avec une immense appréhension que j'ai abordé mes premières audiences.

La toute première portait sur un viol intrafamilial. Les procédures concernant les infractions sexuelles intrafamiliales sont les plus complexes, car commises à huis clos par des personnes ayant autorité sur les victimes. La complexité est liée à la preuve de la matérialité des faits, très souvent dénoncés plusieurs années après leur commission.

Dans la grande majorité des cas, lorsque les actes à caractère sexuel sont commis par le père, le beau-père, le grand-père, l'oncle… les victimes, souvent jeunes, ne comprennent pas immédiatement ce qui leur arrive, puis, le temps passant, elles n'osent pas en parler, culpabilisent, se renferment, craignent de ne pas être crues et de voir éclater la cellule familiale.

Lorsque les faits sont dénoncés, parfois plus de vingt ans après, la probabilité de recueillir les preuves susceptibles de venir corroborer les déclarations de la plaignante est faible.

Dans les trois sections d'assises, à Lyon, nous avions chacun notre lot de dossiers de mœurs. Le mode opératoire est souvent le même et concerne parfois de très jeunes victimes. J'ai eu à juger des affaires dont les victimes étaient âgées de 4 ans ! À cet âge-là et jusqu'à l'âge de 15 ans, on ne comprend pas ce qui se passe, on ne sait pas ce qui est normal ou pas, on n'en parle pas. La parole se libère souvent à la majorité. C'est alors, pour la victime qui décide d'engager une action judiciaire, une longue épreuve à parcourir, car c'est souvent la parole de l'un contre celle de l'autre. Une victime qui subit des agressions intimes durant des années a honte et le retour en arrière est très compliqué.

Je me souviens d'un viol dénoncé par une femme qui accusait son ex-compagnon. Elle déclarait avoir été victime de violences physiques et verbales répétées durant sa vie commune avec lui et avoir subi des actes sexuels « imposés », ce qui avait justifié leur séparation. Elle avait malgré tout consenti à le revoir plusieurs fois afin de lui laisser une chance, jusqu'à subir à nouveau des coups et un rapport violent, forcé, celui de trop. Elle a consulté un médecin qui a décrit ses blessures : hématomes et griffures sur le haut des deux cuisses, sexe rouge et gonflé, lésions caractéristiques d'un rapport sexuel violent. Les prélèvements réalisés sur ses parties génitales ont révélé la présence du sperme de son ex-compagnon. Il a été interpellé et placé en garde à vue. Il a évoqué un rapport sexuel consenti bien que brutal, car, a-t-il expliqué, « elle aimait ça ».

Après deux jours de débats, nous nous sommes retirés en délibéré. La question essentielle qui nous a occupés était celle du consentement de la plaignante. En effet, le viol est défini par la loi comme étant un acte de pénétration sexuelle commis avec violence, contrainte physique ou morale, menace ou surprise.

Dans l'hypothèse où la matérialité de l'acte de pénétration est établie (il était reconnu, en l'espèce), il faut qu'il soit démontré que la plaignante n'a pas consenti à l'acte, et donc établir l'existence d'une ou plusieurs circonstances. Il doit en outre être acquis que l'accusé ne se soit pas mépris sur les dispositions véritables de la plaignante.

La présomption de consentement des époux aux actes sexuels accomplis dans l'intimité de la vie conjugale ne vaut que jusqu'à preuve contraire.

Ces notions juridiques très subjectives sont complexes et difficiles à appréhender par les jurés.

C'est la raison pour laquelle les échanges en délibéré doivent être pédagogiques.

Le rôle du président et de ses assesseurs magistrats consiste à proposer aux jurés des pistes de réflexion et de décodage des éléments extérieurs de nature à corroborer les déclarations de la plaignante, tels qu'un certificat médical décrivant des lésions compatibles avec son récit, l'existence de plaintes et/ou de mains courantes précédentes, la constance dans les déclarations, le témoignage de proches ou de voisins ayant pu entendre des cris ou reçu des confidences ou constaté des traces de coups dans le passé…

Dans l'affaire qui nous occupe, une des six jurés intervenait systématiquement en prenant la parole en ces termes :

— Nous pensons que…

J'ai compris qu'elle s'était octroyé le rôle de leader, et c'est d'ailleurs assez fréquent qu'un des jurés endosse ce rôle. Elle voulait imposer ses idées au groupe. Je suis intervenue :

— Vous ne devez parler qu'en votre nom personnel, Madame.

Alors que nous listions les éléments factuels allant dans le sens d'une absence de consentement et notamment le certificat médical descriptif des blessures subies par la plaignante, ce même juré est intervenu de façon péremptoire :

— Oui et bien moi, quand j'ai des rapports sexuels avec mon mari, je suis pleine de bleus.

Comment interpréter ces propos ? Peut-être cherchait-elle à dédouaner son mari et ne se montrait aucunement objective.

S'il est important que chaque juré puisse exprimer son avis et développer ses arguments, quels qu'ils soient, à de nombreuses reprises, j'ai observé qu'il était difficile pour les jurés de se détacher de leurs a priori et de leur vécu personnel.

Dans cette affaire, une nouvelle discussion constructive a permis de considérer que la parole de la victime était étayée par des éléments probants et convergents, de sorte qu'à l'issue du vote, l'accusé a été déclaré coupable et condamné.

Des relations parfois houleuses avec les avocats

Nous devions rejuger une affaire de meurtre commis sur un policier, dans la région grenobloise, par un gang spécialisé dans les braquages de grandes surfaces. Ils commettaient des casse-béliers avec des voitures volées afin de s'emparer le plus vite possible d'un maximum d'objets de valeur.

Cette nuit-là, ils s'étaient attaqués à un magasin Carrefour situé en périphérie de Grenoble. Les malfaiteurs avaient agi avec une Porsche Cayenne, défoncé tous feux éteints la devanture du commerce, et ils étaient en train de charger leur butin quand un témoin, réveillé par le bruit, a repéré leurs mouvements depuis sa fenêtre et compris qu'il fallait avertir la police.

Un véhicule de police qui patrouillait dans le secteur est arrivé alors que la Porsche s'apprêtait à quitter les lieux. Deux malfaiteurs étaient dans la voiture et deux autres arrivaient, les bras chargés de matériel informatique.

Le conducteur de la voiture de police est sorti et leur a intimé de descendre de leur véhicule. Le second policier s'est avancé vers le 4x4, son Taser en main. Les faits se sont ensuite déroulés très vite.

Alors que les deux derniers malfaiteurs venaient de déposer dans le coffre le reste de leur butin, la Porsche a démarré en trombe, a percuté le policier et le conducteur, puis pris la fuite. La victime se trouvant alors coincée sous le châssis de la voiture a été traînée ainsi sur plusieurs dizaines de mètres avant de décéder.

Les investigations techniques réalisées sur les lieux ont permis de récupérer de l'ADN sur une des baies vitrées du commerce et un tournevis, un des auteurs s'était manifestement blessé en pénétrant dans le commerce. Le profil génétique prélevé était connu du FNAEG et correspondait à un individu déjà condamné pour des faits de vols aggravés. L'enquête s'est poursuivie sur l'environnement de celui-ci.

Les recoupements effectués avec de précédentes affaires dans lesquelles il a été impliqué et condamné, l'exploitation de ses relations téléphoniques et des surveillances physiques ont permis d'identifier trois autres suspects. Les quatre auteurs présumés ont été interpellés, mis en examen, placés en détention provisoire pour meurtre en bande organisée, vols aggravés et association de malfaiteurs.

Ils ont toujours nié toute implication dans ces faits. Seul celui dont le profil génétique a été identifié a reconnu avoir été présent sur le lieu du vol. Ses aveux étaient limités : il faisait effectivement partie du groupe, il n'était pas le conducteur de la Porsche et il refusait de donner l'identité de ses comparses.

Ils ont comparu une première fois devant la cour d'assises de Grenoble qui les a déclarés coupables et condamnés. Trois ont fait appel et été rejugés par la cour d'assises de Chambéry qui a également retenu leur culpabilité et les a condamnés. Deux ont formé un pourvoi en cassation. Pour un motif juridique très technique, la Cour de cassation a cassé la décision rendue par la cour de Chambéry et étendu la cassation à celui qui, après avoir fait appel, ne s'était pas pourvu en cassation.

La cour d'assises de Lyon a été désignée pour statuer une nouvelle fois. Dès le début de l'audience et tout au long de celle-ci, qui a duré une semaine, j'ai dû gérer des incidents avec les accusés et un de leurs avocats, un Grenoblois. Les accusés n'avaient pas changé leur ligne de défense, ils se disaient étrangers aux faits et injustement incarcérés, hormis celui dont on avait trouvé l'ADN. Lui reconnaissait sa présence sur le lieu du casse, mais refusait toujours de dire avec qui il était ce jour-là. Les autres niaient et se montraient arrogants, virulents avec les témoins. L'avocat grenoblois de l'un d'eux enchaînait les incidents.

Alors que la cour venait de rendre son verdict de condamnation, les accusés se sont déchaînés, ils nous ont insultés, menacés : mimant l'utilisation de fusils mitrailleurs dans notre direction, ils ont promis de nous retrouver et de nous tuer, ainsi que nos parents et nos conjoints. Et voilà qu'à la surprise générale, l'avocat qui provoquait des incidents à répétition s'est levé à son tour, clamant :

— Vous avez raison de vous rebeller, vous avez été injustement condamnés !

Les trois accusés, ragaillardis par cet avocat, ont réitéré leurs menaces et outrages. C'était surréaliste. J'ai immédiatement ordonné que l'on fasse sortir les accusés et la cour s'est retirée.

Ce genre de situation est déstabilisant, tant pour les magistrats que pour les jurés, qui étaient sous le choc et outrés. Je les ai rassurés et fait attendre dans la salle de délibéré le temps de l'audience civile qui allait suivre et à laquelle ils ne participent pas.

L'audience civile, tenue par les seuls magistrats professionnels, permet aux parties civiles de présenter et développer leur demande d'indemnisation à la suite d'une décision de condamnation. Ce jour-là, après que les parties civiles ont exposé leur demande, la parole a été donnée à l'avocat général et enfin aux avocats de la défense. Deux des avocats s'en sont remis « à la sagesse de la cour ». L'avocat grenoblois s'est alors avancé vers la cour, en silence ; le doigt dirigé vers moi, il m'a regardée en me fixant, toujours en silence, avant de me dire que j'étais une imbécile, que j'avais rendu une décision injuste et illégale et qu'il me retrouverait. Je n'avais jamais vu ça dans une enceinte judiciaire ! Et heureusement, car une telle attitude de la part d'un avocat est aussi inconcevable qu'inadmissible. Ses confrères étaient d'ailleurs aussi consternés que nous. Afin de mettre définitivement fin à cette audience ainsi perturbée, la cour a mis la demande des parties civiles en délibéré.

La violence de cette intervention était telle que la presse s'en est emparée et a relaté l'incident.

Nous avons rejoint les jurés dans la salle de délibéré. Ils ne s'étaient pas remis de la situation de violence à laquelle il venait d'assister, certains manifestaient une légitime angoisse à l'idée d'avoir à subir des représailles. J'ai organisé le retour de chacun d'eux, soit à leur voiture, soit carrément jusqu'à leur domicile, avec les forces de l'ordre. Tout cela n'a pris fin qu'aux alentours de minuit.

À la suite de cette audience, avec l'avocat général, nous avons rédigé un rapport relatant le déroulement du procès et le comportement violent, menaçant, démesuré et outrageant de l'avocat. Ce rapport a été transmis à notre hiérarchie, qui pouvait décider de faire suivre ou non au bâtonnier. En principe, une telle attitude ne pouvait rester sans conséquence, au moins au niveau disciplinaire. Ce rapport est pourtant resté lettre morte. Je n'en comprends pas les raisons ? L'exercice des droits de la défense serait-il sans limite, aux yeux de certains ?

Ce type d'ambiance dans les enceintes judiciaires n'est pas un cas isolé, malheureusement, et une cour d'assises est un théâtre, souvent très médiatisé, donnant envie à certains conseils de surenchérir pour attirer l'attention et se faire bien voir de leurs clients, mais quelle image donnent ces avocats de la pratique de leur métier ? Fort heureusement, ces avocats extrémistes ne sont pas si nombreux. Mon rapport est resté sans suite. J'aurais aimé un peu plus de soutien de ma hiérarchie, mais cela n'a pas été le cas. Pas de vague avec les avocats !

Un ténor du barreau mauvais perdant

« Il est des fins de procès d'assises où on se dit que le président est de parti pris et que les jurés ne sont que des veaux, on se trompe peut-être, mais ça fait du bien de le penser ! » Il s'agit du tweet d'un avocat diffusé sur les réseaux sociaux le 18 décembre 2019 dans les minutes qui ont suivi l'énoncé du verdict.

Cet avocat assurait la défense d'un homme accusé de tentative de meurtre sur un policier. Les faits s'étaient déroulés à Lyon une nuit d'été, dans un petit immeuble où vivait l'accusé. Cette nuit-là, il faisait très chaud, un groupe de jeunes fêtait un anniversaire au rez-de-chaussée dans une petite cour, trois étages au-dessous de la chambre du mis en cause. Après leur avoir demandé en vain de faire moins de bruit et les avoir invectivés, Serge, l'habitant du troisième, a choisi la méthode du jet d'objets et de seaux d'eau.

Les services de police ont été sollicités par le groupe de jeunes, un équipage de trois policiers s'est présenté au troisième étage où ils ont été reçus par Serge, un fusil à la main. Un des policiers a été gravement blessé à la main qui tenait son arme à hauteur de son visage.

Tout au long des investigations et des débats, l'accusé a affirmé qu'il ne savait pas qu'il s'agissait de policiers et qu'il n'avait eu aucune intention de tuer, mais cette version était contredite par les fonctionnaires de police, lesquels ont, de façon constante, déclaré avoir dès leur arrivée annoncé leur qualité.

Après plusieurs heures de délibéré, la cour et les jurés ont déclaré Serge coupable de tentative de meurtre et l'ont condamné à la peine de quatorze ans de réclusion criminelle. C'est cette décision qui était visée par le commentaire de l'avocat. On peut comprendre la déception d'un avocat qui estime ne pas avoir été entendu dans sa plaidoirie ou ne pas avoir su convaincre, cependant, il disposait avec son client d'une possibilité de faire appel. C'est d'ailleurs ce qu'ils ont fait, mais une telle réaction caractérise une insulte et un outrage pour les jurés et le président ainsi que le délit de discrédit d'une décision juridictionnelle.

Plusieurs jurés ont lu ce message sur les réseaux sociaux et en ont été offusqués. Dès le lendemain, j'ai rédigé un rapport signalant ces faits, rapport auquel j'avais annexé la copie d'écran du message diffusé, mais encore une fois, aucune suite pénale et/ou disciplinaire n'a été donnée…

En 2020, la cour d'assises de la Loire a statué sur l'appel interjeté, la cour a retenu à nouveau la culpabilité de Serge et l'a condamné à la peine de quinze ans de réclusion criminelle. Les jurés stéphanois sont-ils également des « veaux » influencés par un président ayant aussi un parti pris ? Cette fois-ci, l'avocat mauvais perdant est resté muet sur les réseaux sociaux.

La descente aux enfers

Sophie avait 12 ans quand elle a été victime d'agressions sexuelles de la part du mari de sa mère. Sophie était proche de sa mère et mature pour son âge, elle savait que ce que lui faisait subir son beau-père n'était pas normal, elle s'est donc confiée à une amie puis à sa mère, laquelle a réagi immédiatement, demandé des explications à son époux puis déposé plainte. L'auteur de ces agressions a été condamné.

Si le stress post-traumatique subi par Sophie restait présent, celle-ci l'a surmonté avec courage. Elle a obtenu de bons résultats scolaires. Intelligente, ouverte et sociable, elle a lié des relations amicales et s'est projetée dans l'avenir. Sa mère et le nouveau compagnon de celle-ci lui ont apporté amour et affection. Tout rentrait progressivement dans l'ordre, et voilà qu'un nouveau drame est intervenu l'année de ses 16 ans : un voisin qu'elle connaissait de vue, la cinquantaine bedonnante, s'est invité chez elle en l'absence de sa mère, sous prétexte d'une panne d'électricité, et il l'a contrainte à une relation sexuelle violente. L'auteur de ce viol a été arrêté et jugé, mais cette fois, Sophie ne s'en est pas remise. Elle a arrêté sa scolarité, manifesté son mal-être par des tentatives de suicide, vivant recluse chez sa mère. Bien que suivie par des médecins psychiatres, elle n'avait plus aucun projet, et si sa souffrance était atténuée par les effets des antidépresseurs, elle se murait dans le silence et se coupait de toutes relations sociales.

Dans la nuit du 28 au 29 janvier 2014, elle n'avait plus de cigarettes. Tel un zombie, elle a quitté son domicile pour en acheter. Elle ne se rendait pas compte de l'heure, n'a pas prévenu sa mère qui dormait et a déambulé dans le centre-ville à la recherche d'un bureau de tabac ouvert. Un véhicule s'est arrêté à sa hauteur, les quatre individus à bord lui ont proposé de l'accompagner, l'ont fait monter avec eux et conduite dans un local désaffecté, en périphérie. Ces quatre hommes âgés de 25 ans lui ont fait boire de l'alcool avant de la déshabiller et d'assouvir leur plaisir sexuel.

Les conditions dans lesquelles Sophie a subi cette « tournante » (terme désignant le viol en réunion) sont difficilement audibles. La sauvagerie, la bestialité de cette scène qui a duré, duré… a été enregistrée par deux des individus et une des deux vidéos a été retrouvée par les enquêteurs.

Après s'être « bien amusés » avec cette « proie facile », ils ont décidé de l'abandonner dans une rue déserte. Sophie était hagarde, ses vêtements en désordre, elle a cherché quelqu'un pour la ramener chez elle et fini par croiser un véhicule qui s'est arrêté. Elle a expliqué au conducteur, un jeune homme, ce qui venait de lui arriver, il a répondu qu'il allait l'aider. Ce qu'elle ne savait pas, c'est qu'elle donnait ainsi à un autre prédateur l'opportunité, l'idée et le désir de profiter de la situation. Elle a été conduite sur le parking désert d'une grande surface, puis contrainte de passer sur le siège arrière où elle a de nouveau été violée. C'est une patrouille de police circulant à proximité, intriguée par ce véhicule tous feux éteints et faisant des soubresauts, qui a enfin mis fin au calvaire de Sophie cette nuit-là.

Examinée par un médecin légiste, Sophie présentait, outre un état de choc post-traumatique, de nombreux hématomes, notamment aux avant-bras et sur le haut des cuisses, montrant qu'elle avait été maintenue fortement. Le médecin a également relevé des lésions vaginales et anales caractéristiques de pénétrations sexuelles brutales.

L'auteur de ce second crime a immédiatement été interpellé. Après avoir tenté de se soustraire à une quelconque inculpation pour viol, il a admis du bout des lèvres que Sophie était vulnérable et qu'elle n'avait pas véritablement consenti à la relation sexuelle, qu'il la lui avait imposée. Il a été jugé coupable et condamné pour ces faits.

S'agissant des quatre autres, les enquêteurs, aidés par Sophie, ont pu retrouver le lieu où elle avait été agressée et à partir de cette information, identifier les suspects. Les quatre mis en cause ont été arrêtés et contraints de s'expliquer. Dans un premier temps, ils ont nié avoir rencontré la jeune fille et fourni un emploi du temps, lequel, après vérification, n'était pas conforme à la réalité.

Leur second moyen de défense, qui n'a pas varié tout au long de l'instruction, a consisté à affirmer que la jeune Sophie ne présentait aucun signe apparent de vulnérabilité, qu'elle avait accepté de les suivre en toute conscience, qu'elle avait consenti à tous les actes à caractère sexuel que lui proposaient les quatre hommes et qu'elle y avait d'ailleurs pris plaisir ! Ils ont été mis en examen et placés en détention provisoire pour viol en réunion.

Les experts en informatique ont pu extraire la vidéo du téléphone de l'un des auteurs. L'avait-il gardé comme trophée ? Le second enregistrement, dont l'existence avait été révélée par la victime, avait été effacé par son auteur.

Placés sous contrôle judiciaire au cours de l'instruction, certainement au regard de leur garantie de représentation et de l'absence d'antécédents judiciaires, ils ont comparu libres devant la cour d'assises de Saint-Étienne en mars 2018.

Nonobstant un état psychologique catastrophique, Sophie a eu le courage de venir témoigner devant la cour d'assises, comme elle l'avait fait lors du précédent procès. Alors que les débats étaient ouverts depuis deux jours, l'un des quatre accusés s'est enfui.

Ils ont été jugés coupables et condamnés à des peines de huit ans d'emprisonnement pour deux d'entre eux, neuf ans pour le troisième, le fuyard ayant écopé de dix ans. Un appel a été interjeté par les trois condamnés présents qui prétendaient être innocents alors que celui qui avait déserté le procès s'est finalement rendu à la police afin d'être à nouveau jugé. C'est dans ce contexte que j'ai eu à connaître cette affaire comme présidente de la cour d'assises de Saint-Étienne, qui devait juger celui qui avait été condamné par défaut (le fuyard).

En préparant le planning de l'audience, j'ai appris avec horreur que Sophie était décédée. Sa mère, au domicile de laquelle Sophie vivait encore, s'était absentée pour faire les courses et à son retour, avait découvert sa fille inanimée sur son lit. Selon le médecin légiste l'ayant examinée, elle se serait endormie et étouffée avec le chewing-gum qu'elle mâchait.

La mère de Sophie a expliqué à la police que depuis les faits qui s'étaient déroulés en janvier 2014, sa fille était devenue l'ombre d'elle-même. Le fait de devoir raconter et répéter sa version, en quelque sorte se « défendre », lors des deux procès, les dénégations et le manque d'empathie des accusés, l'avaient ébranlée.

L'accusé n'avait pas changé sa ligne de défense, Sophie avait prétendument consenti à toutes les pénétrations sexuelles. Entendus comme témoins, ses trois comparses, qui attendaient un nouvel examen de leur situation pénale en appel, ont également maintenu cette version.

Le visionnage de la vidéo à l'audience était glaçant, insoutenable, les images parlaient d'elles-mêmes : on assistait à une scène d'horreur. Sophie se trouvait au sol, les vêtements en bataille, complètement inerte, un des individus la pénétrait vaginalement, une cigarette à la bouche, regardant la caméra en riant, pendant qu'un second, tout en la maintenant, lui pénétrait l'anus avec un doigt. On entendait alors en murmure Sophie demander à ces hommes d'arrêter, leur dire qu'elle avait mal. Chacun d'eux l'avait pénétrée, à tour de rôle.

Si le visionnage de ces images était difficile pour la cour et les jurés, ce qui était extrêmement choquant, c'est l'attitude des quatre accusés qui, non seulement n'ont exprimé aucune empathie à l'égard de la victime, mais ont souri. Leur système de défense n'était plus soutenable face à cette preuve enregistrée, l'avocat de l'accusé en a donc changé afin d'introduire un doute sur la perception que pouvait avoir son client concernant l'éventuel consentement de la jeune fille.

Finalement, sur le fondement de l'intime conviction partagée par au moins six membres de la cour, l'accusé a été déclaré coupable et condamné à la peine de quinze ans de réclusion criminelle. La cour d'assises de Lyon ayant statué sur les appels interjetés par les quatre hommes a également retenu leur culpabilité, mais réduit légèrement le quantum de leur peine prononcée en première instance.

Cette affaire interpelle, non seulement par la nature des faits que Sophie a subis, mais surtout par la personnalité des accusés, lesquels n'ont manifesté aucun remords ni aucune remise en question de leur comportement. Tous les crimes sont odieux, mais certains émeuvent plus que d'autres.

J'ai vraiment apprécié cette fonction de présidence à la cour d'assises de Lyon, il me restait cependant une étape importante à franchir, le moment était venu pour une ultime évolution de carrière avant ma retraite. Lorsque j'ai été nommée à Lyon, deux ans auparavant, nous avions évoqué avec mon époux le moment où je devrais choisir le lieu de ma très certainement dernière affectation. Salvatore savait que je devrais choisir une grande circonscription, il va me proposer et même « me pousser » à choisir une nouvelle fois Aix-en-Provence. Homme d'anticipation, il va organiser notre future retraite. Quelques années plus tôt, lors de ma précédente affectation à Aix-en-Provence, nous avions fait l'acquisition d'une charmante maison située sur le port de Sausset les Pins, sur la côte bleue à mi-chemin entre Marseille et Aix en Provence. Le littoral extraordinaire de la côte bleue ne laisse pas indifférent, il présente un petit air de Sardaigne à la beauté sauvage. Le chemin des douaniers longe la totalité de la côte, serpente entre les calanques, les petits ports et les criques bordées de pins.

Salvatore et moi sommes tombés amoureux de ce lieu idyllique où les habitants, dignes descendants des personnages de Marcel Pagnol, nous ont accueillis avec sympathie et simplicité.

L'idée de réaliser mon avancement à la Cour d'appel d'Aix-en-Provence a cheminé d'autant que j'apprécie cette ville.

Ville d'eau aux 130 fontaines, capitale historique de la Provence dominée par la montagne de la Sainte-Victoire, muse de Paul Cézanne, elle offre une douceur de vivre inégalable et des possibilités de flâneries ou de randonnées revigorantes.

Ma décision de postuler à Aix sera le top départ pour Salvatore qui va alors entreprendre un nouveau projet. En quelques mois, il vend notre demeure sur le port, achète un terrain sur la même commune et construit une nouvelle maison qui sera la maison de la mer (c'est le nom que lui a donné mon petit-fils Natéo). Cette demeure provençale en bord de mer, fleurie et accueillante offrant une vue à couper le souffle va définitivement me convaincre de solliciter le poste de présidente de chambre à la Cour d'appel d'Aix en Provence.

Chapitre XIV
… L'hermine, en janvier 2020

J'ai laissé la cour d'assises de Lyon pour rejoindre celle d'Aix-en-Provence. Je venais de réaliser mon avancement au grade supérieur.

Le vieux palais de justice d'Aix-en-Provence datant du 19e siècle est implanté au cœur de la ville, bâtiment imposant appelé Palais Verdun, il est orné en façade de 10 colonnes majestueuses.

En 1998, la cour d'appel s'est agrandie en intégrant l'ancienne prison Monclar reliée au palais Verdun par un tunnel. Cette prison, désaffectée depuis 1991, qui a été magnifiquement rénovée, abrite l'une des deux salles dédiées aux 4 sections de la cour d'assises.

Le grade de présidente de chambre nécessitait un changement de toge, j'ai dû investir dans une nouvelle robe rouge écarlate bordée d'hermine blanche tachetée de noir.

Au Moyen Âge, l'hermine était le symbole de l'innocence et la pureté. Ce pelage qui ornait la toge des magistrats était la plus noble des fourrures, symboliquement porteuse de droiture, même si aujourd'hui, la fourrure de lapin a remplacé l'hermine…

La Charte vestimentaire de la magistrature, le « dress code » des juges, date d'un arrêté du 23 décembre 1882, elle a peu changé depuis. La robe du juge symbolise l'autorité, la neutralité, la dignité et la solennité. Elle permet également de distinguer le juge des parties, au procès.

Aux trois degrés de juridiction du système judiciaire français (tribunal de première instance, cour d'appel et cour de cassation) correspondent des tenues d'audience différentes. Je me suis toujours demandé si ces costumes n'étaient qu'un symbole désuet ou au contraire devaient être perçus dans leur message symbolique et cérémonial représentant la fidélité de la magistrature à ses valeurs fondamentales, valeurs enseignées dès les premiers jours à l'École de la magistrature et confirmées à l'occasion de la prestation de serment, lors de notre première fonction.

Au fil de sa carrière, le juge se pare de différentes toges, selon son affectation et son grade. Un magistrat en poste dans un tribunal judiciaire porte une robe noire lorsqu'il est à l'audience. Il ajoute quelques accessoires (toque, ceinture bleue et gants blancs) lorsqu'il participe aux audiences solennelles que sont les audiences de rentrée judiciaire, en début d'année, et les audiences d'installation.

Un juge affecté en Cour d'appel revêt sa toge rouge avec ou sans hermine, selon son grade, tenue d'apparat, pour les audiences solennelles uniquement ; il siège aux audiences de jugement en robe noire, quel que soit son grade.

Les audiences criminelles sont une exception à cette règle, les robes d'apparat sont de sortie.

Le président d'une cour d'assises porte une robe rouge s'il exerce en qualité de conseiller. S'il a le grade de président de chambre, il préside avec sa toge rouge bordée de fourrure blanche tachetée de noir.

Les questions sur la couleur des robes étaient fréquentes chez les jurés, en effet, selon le grade ou l'affectation des magistrats composant la cour, il peut y avoir une robe noire, une robe rouge et une toge rouge avec hermine. Le magistrat portant une robe noire exerce son activité dans un tribunal judiciaire du ressort de la cour d'assises, il participe ponctuellement aux audiences de la cour d'assises, la robe rouge est portée par un magistrat affecté à la cour d'appel.

Je pense que cette explication succincte sur les robes et accessoires des magistrats s'imposait avant d'entrer dans le vif du sujet concernant ma nouvelle affectation.

Lorsque l'on change ainsi de juridiction, on ne sait pas dans quel service le président de la cour d'appel va nous affecter. Il se trouve qu'un collègue de la cour d'assises d'Aix avait justement demandé à être déchargé de ses fonctions de président de cour d'assises, je lui ai donc succédé.

La Cour d'appel d'Aix-en-Provence est la deuxième cour de France par son volume d'affaires, elle présente la particularité de juger de nombreuses affaires de règlements de comptes dans le cadre du grand banditisme marseillais, souvent sous fond de trafic de stupéfiants, ainsi que les dossiers criminels niçois et corses. Mon premier dossier a justement été un règlement de compte dans le cadre du grand banditisme, avec des avocats plutôt atypiques. Une fois de plus, je découvrais un nouvel environnement.

J'ai ainsi constaté que dans la métropole Aix-Marseille-Provence, le nombre d'homicides perpétrés dans ce contexte est hallucinant : près de 350 décès violents entre 2008 et 2022, sans compter les blessés. Peu de ces affaires, qui relèvent de la criminalité organisée, arrivent aux assises. Leur faible taux d'élucidation est lié à leur complexité, induite elle-même par le professionnalisme de leurs auteurs qui ne laissent pas d'indices ou très peu. À cela s'ajoute la loi du silence qui règne dans les quartiers et s'impose aux témoins.

Même si des dispositions légales permettent de protéger les témoins et certains malfaiteurs, depuis la loi Perben sur les repentis applicable depuis 2014, il n'en demeure pas moins que les témoins ont peur de parler et que les investigations sur ce type de crime sont longues et parfois vaines.

Lorsque le dossier est examiné par une cour d'assises, les charges retenues contre le ou les accusés, ainsi que les investigations, sont attaquées de toutes parts par les avocats « spécialistes » du grand banditisme. Lors de ces débats, l'ambiance est souvent très tendue, les incidents nombreux et les dérapages fréquents !

Les directeurs d'enquête cités comme témoins pour rendre compte de la genèse de leurs investigations subissent de véritables interrogatoires, parfois sur un ton vexatoire et/ou virulent de la part des avocats de la défense. J'ai entendu un avocat dire à un directeur d'enquête pressé de questions : « Je ne suis pas étonné que vous soyez encore major ! » L'enquêteur s'est légitimement offusqué et je suis intervenue, car cette réflexion humiliante n'était aucunement nécessaire et surtout, elle était manifestement destinée à déstabiliser le témoin.

Ces moyens de défense et ces incidents détournent la cour et le jury de leur mission de recherche de la vérité et sont souvent contre-productifs. Ils sont parfois dirigés contre le président de la cour d'assises. Sur ce thème, je garde en mémoire un exemple scandaleux : il s'agissait d'une affaire de règlement de compte ; quatre accusés se trouvaient dans le box. Un d'entre eux, auquel il était reproché une association de malfaiteurs, avait livré une version des faits impliquant ses coaccusés. Il avait maintenu ses déclarations tout au long de la procédure d'instruction, ce qui lui avait valu des représailles assez violentes en détention.

Dès le début de l'audience, j'ai remarqué qu'il était tétanisé, que la peur l'envahissait. Après que les membres de l'escorte m'avaient signalé que cet accusé recevait des menaces dans les geôles du palais, j'ai ordonné sa comparution hors du box et donné des instructions afin qu'il ne soit plus en contact avec les autres. Au moment de son interrogatoire sur les faits, il a dit qu'il exerçait son droit au silence. Ce droit est un principe fondamental ouvert à toute personne suspectée, mise en examen ou accusée, il doit lui être notifié à tous les stades de la procédure et peut être exercé dans les mêmes conditions.

J'ai pris acte qu'il ne souhaitait pas répondre à mes questions et invité les autres parties à présenter leurs observations. Les avocats des parties civiles et l'avocat général ont également pris acte de cette position. L'avocat d'un des autres accusés n'en a tenu aucun compte :

— Monsieur, vous avez déclaré…

L'accusé :

— J'exerce mon droit au silence.

— Monsieur, vous avez menti en affirmant…

L'accusé :

— Je vous ai dit que je ne répondrai pas aux questions.

Je suis intervenue :

— Maître, l'accusé a clairement affirmé qu'il ne voulait pas répondre aux questions, vous exercez sur lui une pression…

L'avocat s'est alors emporté, m'accusant de lui couper la parole, de le priver de son droit de poser des questions et ainsi, de porter atteinte aux droits de la défense. Il m'a annoncé qu'il quittait la salle, abandonnant la défense de son client. J'ai rétorqué que je le commettais d'office (ce qui l'obligeait juridiquement à rester), mais il n'a pas répondu, sans se retourner, il a poussé la porte de la salle d'audience. C'est dans ce contexte tendu que j'ai poursuivi les débats et terminé la journée d'audience.

Le lendemain, les avocats des autres accusés ont demandé à me voir avant la reprise des débats. Ils m'ont dit qu'ils ne cautionnaient pas le comportement de leur confrère, mais étaient malgré tout solidaires. Ils m'ont suggéré de les commettre d'office, pour ne pas perdre la face vis-à-vis de leur confrère, afin que les débats puissent se poursuivre.

À la première suspension de la matinée, la secrétaire générale de la cour d'appel m'a informée que j'étais visée par une requête en récusation et que je devais fournir des explications. Une telle requête tend à faire dessaisir le président et obtenir un renvoi de l'affaire. Entre 12 heures et 14 heures, ce jour-là, j'ai pris connaissance des griefs évoqués dans cette requête. Bien évidemment, elle émanait de l'avocat mécontent qui avait quitté l'audience la veille. Il me reprochait le non-respect des droits de la défense et ma partialité. J'ai dû rédiger un rapport aux termes duquel j'expliquais les faits et justifiais les raisons pour lesquelles j'étais intervenue.

Cette requête devait être examinée par le premier président de la cour d'appel, elle ne suspendait pas le cours des débats. Lorsque j'ai repris l'audience, à 14 heures, toutes les parties étaient présentes, à l'exception du même avocat. Nous en étions au stade des plaidoiries lorsque celui-ci s'est présenté comme si rien ne s'était passé. Il a plaidé alors même qu'il avait été absent durant une partie des débats et les prises de parole des autres parties. La requête en récusation qu'il avait formulée auprès de ma hiérarchie avait très peu de chance d'aboutir et fatalement une décision de rejet a été prise dans l'après-midi. L'accusé, client du requérant, a été condamné à une amende. Eh oui, ce n'est pas l'avocat, mais le client qui paie ! Ce type de requête devient de plus en plus fréquent dans les prétoires. Acte de défiance ? Volonté de déstabilisation ? C'est en tout cas très désagréable.

Les jurés sont parfois effarés du comportement de certains avocats :

— Madame la présidente, est-ce normal de parler comme ceci à un témoin ? Pourquoi n'intervenez-vous pas ?

Si leur code de déontologie leur impose le « devoir de probité, d'honneur et de délicatesse », les avocats bénéficient d'une immunité judiciaire, ainsi que d'une liberté de parole et d'expression. La frontière entre ce devoir et cette liberté est difficile à cerner. La Cour de cassation et la Cour européenne des droits de l'homme accordent à cette immunité une protection assez large. L'exigence d'impartialité qui s'impose au président d'assises limite en outre les possibilités d'intervenir et d'interrompre l'avocat. La seule possibilité offerte au président est de suspendre l'audience lorsque la tension est trop forte.

Une affaire de meurtre sans cadavre

Le 9 janvier 2014, à Sainte-Tulle, dans les Alpes de haute Provence, Josiane, une femme d'une cinquantaine d'années, a brutalement disparu. Mariée à Philippe depuis une vingtaine d'années, elle venait de le quitter et cette séparation s'avérait très conflictuelle. Ce technicien à la retraite possédait une maison en héritage, non loin du domicile familial ; il s'y était installé, tandis qu'elle était restée dans leur demeure. Josiane était employée à la mairie de Manosque.

Le couple avait eu deux enfants, désormais majeurs : Guillaume et Elodie. Le 9 janvier au matin, Guillaume était au domicile de sa mère, qui l'aidait à préparer des examens scolaires. Vers 6 heures 30, elle a déposé Guillaume à la gare avant de se rendre à son travail… du moins, c'est ce qui était prévu, mais on ne l'y a pas vue. Sa sœur, Sylvie, résidait quasiment en face de chez Josiane. En partant au travail vers 8 heures, elle a été surprise de voir la voiture de sa sœur stationnée devant son domicile alors qu'elle aurait dû être à la mairie. Elle a cherché à joindre Guillaume, qui l'a rappelée environ une heure plus tard :

— Ta mère est malade ?

— Non.

— Sa voiture est devant la maison.

— Ce n'est pas normal ! Elle devait aller travailler après m'avoir déposé à la gare.

Il était 11 heures lorsque, très inquiète, Sylvie a pu quitter son travail et a filé chez Josiane où elle a rencontré Philippe, un bidon à la main et l'air bizarre. Josiane n'avait pas prévenu la mairie de son absence, c'était complètement anormal. Il s'était forcément passé quelque chose. Sylvie a fait le tour de la maison, suivie de Philippe, et a aperçu au sol un collier que les enfants avaient offert à Josiane, qui y tenait beaucoup. L'inquiétude de Sylvie a encore grandi. Elle est entrée dans la maison, qui n'était pas verrouillée. À l'intérieur se trouvaient la doudoune de Josiane, son téléphone, son sac à main, ses papiers… mais pas elle. Sylvie a aussitôt téléphoné à la gendarmerie pour signaler ces faits.

Sylvie a également rapporté aux gendarmes qu'elle avait vu, de sa fenêtre, les feux arrière d'un véhicule quitter le domicile de sa sœur vers 7 h 30, précisant qu'elle avait reconnu le bruit caractéristique du moteur de la voiture de Philippe.

La piste de la disparition volontaire a été rapidement écartée, on ne part pas sans argent, sans papier, sans manteau, en abandonnant sa voiture et surtout ses enfants… Il n'apparaissait pas de trace de sang ni de lutte dans la maison. Il y avait environ 200 € dans son porte-monnaie, on pouvait donc écarter aussi la piste du cambrioleur.

Les gendarmes ont auditionné tous les proches, les amis, les voisins de Josiane. Ils ont ainsi appris que Philippe ne supportait pas la séparation, d'une part, et qu'il la soupçonnait d'être la maîtresse d'un de ses meilleurs amis, un garagiste prénommé Patrick. Il se trouve que trois semaines plus tôt, le véhicule de Josiane avait été incendié et elle soupçonnait son mari, ce qui avait valu à Philippe d'être placé en garde à vue. Après avoir nié, il avait finalement avoué à son fils que c'était bien lui et qu'il estimait en avoir le droit, étant copropriétaire de cette voiture. Il avait par ailleurs envoyé de très nombreux SMS violents et grossiers à Josiane. Celle-ci avait fini par demander son placement en hôpital psychiatrique, demande validée par un médecin le jugeant dangereux. À l'issue de sa garde à vue, Philippe avait donc été hospitalisé durant onze jours. Sa hargne en avait été renforcée et il n'avait ensuite pas arrêté de la harceler. Très inquiète, Josiane en avait parlé à sa sœur et à ses proches.

Tout ce contexte précédant de peu l'étrange disparition a naturellement orienté les enquêteurs vers la piste du mari, placé en garde à vue. Son domicile a été perquisitionné, des prélèvements étaient réalisés dans sa voiture et sur la doudoune de Josiane dont une manche était retournée, donnant à penser qu'elle avait été enlevée brutalement.

Philippe a donc été entendu. Son téléphone n'avait eu aucune activité entre le soir du 8 janvier et le 9 vers 14 heures, il était donc impossible de tracer ses déplacements. Il a indiqué l'avoir laissé en charge puis oublié. Il était allé aux champignons (même si ce n'était pas la période) et s'il était ensuite passé chez Josiane, c'est parce qu'il venait récupérer un peu de bois. Pourquoi avec un bidon ? Il est aussi apparu qu'il restait du bois chez lui, il n'en avait donc pas besoin. Autre fait curieux : il avait lavé sa voiture le 9 janvier, ce qu'il faisait très rarement. Troublante coïncidence…

Puisqu'il niait toute implication dans la disparition, il a été remis en liberté à l'issue de la garde à vue, mais Philippe restait le principal suspect aux yeux des enquêteurs. En perquisitionnant le bureau de Josiane à la mairie de Manosque, ils ont découvert une lettre de Patrick établissant qu'il y avait entre elle et lui des liens affectifs, voire amoureux. Interrogé, Patrick a prétendu être un bon ami et non son amant. Son alibi a vite permis de ne pas le soupçonner : le 9 janvier, il travaillait à son garage, des témoignages le confirmaient. Il avait vu

Josiane ce matin-là, elle était passée le voir au garage vers 6 h 30, après avoir déposé Guillaume à la gare.

Les prélèvements dans la voiture de Philippe ont révélé la présence d'une microgoutte du sang de Josiane sur le tapis de sol et son ADN dans le coffre. Étrange. Philippe a objecté que la voiture appartenait au couple, que Josiane l'avait utilisée ou y était montée quelques semaines plus tôt et qu'un jour elle avait légèrement saigné du nez. Soit, mais son ADN dans le coffre ? Philippe a été replacé en garde à vue puis mis en examen pour assassinat.

Les déclarations des proches auditionnés ont fait apparaître un double visage du suspect : « posé, non violent, il ne ferait pas de mal à une mouche », affirmaient ses amis. « Méchant, égoïste, possessif, colérique, ne supportant ni la frustration ni la contradiction, capable d'avoir tué Josiane », estimaient la sœur et les proches de la disparue. Et c'est plutôt ce que ses nombreux SMS donnaient à penser. Josiane, elle, était décrite comme « gentille, appréciée de ses collègues et amis, très inquiète de ce que pouvait lui faire son mari ».

Un mari qui ne s'est absolument pas inquiété de la disparition de Josiane, n'a pas cherché à lui téléphoner lors de sa disparition, n'a pas participé aux recherches organisées par la famille, comme s'il s'en désintéressait totalement… ou savait qu'elles resteraient vaines. Tout laissait supposer son implication. Il a été placé en détention provisoire pour assassinat, les faits étant manifestement prémédités, même si l'on n'avait pas trouvé de cadavre.

À l'été 2015, coup de théâtre : Patrick s'est pendu dans son garage en laissant une lettre indiquant qu'il ne supportait plus la disparition de Josiane et ne pouvait vivre sans elle. Cet évènement avait ravivé l'éventualité de son implication, mais l'hypothèse a rapidement été écartée. Outre son alibi, vérifié, il n'avait strictement aucun mobile pour la tuer. Au contraire, même, il l'aimait.

Philippe a été envoyé devant la cour d'assises de Dignes en novembre 2018 et déclaré coupable d'assassinat, condamné à 25 ans de réclusion criminelle. Il a interjeté appel. J'ai donc eu à juger l'affaire en octobre 2020 à la cour d'assises d'Aix.

Nous avons confirmé la peine de 25 ans en l'assortissant d'une peine de sûreté des deux tiers.

Au cours de l'instruction, il avait fait l'objet d'une expertise psychologique et de deux expertises psychiatriques dont une a reconnu une cause d'altération de responsabilité. Le fait de retenir l'altération du discernement pouvait-il déclencher de nouvelles déclarations sur ce qui s'était passé le 9 janvier 2014 ?

Guillaume a toujours été convaincu que son père était à l'origine de cette disparition. Elodie partageait cette conviction, au début, mais elle a évolué et lors des deux procès d'assises, elle a affirmé le considérer comme innocent. Sans cadavre, il leur est difficile de faire le deuil de leur mère et c'était également compliqué pour les jurés. En l'absence du corps, on ne peut déterminer les causes et circonstances précises du décès. Jusqu'au bout, parce qu'un procès est vivant, on espère se rapprocher un peu plus de la vérité, mais aujourd'hui encore, seul l'auteur de ce crime en détient les clés.

Le tueur était caché dans le coffre de toit d'une voiture

Ajaccio, octobre 2010. Antoine, ex-figure du nationalisme corse, est assassiné devant l'immeuble de son amie, du domicile duquel il sortait. Deux tueurs encagoulés l'attendaient dans un véhicule stationné devant la porte cochère. L'un est sorti du coffre de toit, le second de la malle arrière, tous deux munis de fusils d'assaut et d'armes de poing. Ils ont atteint leur cible de plusieurs projectiles, ne lui laissant aucune chance de survie.

Cette scène de crime, qui s'est déroulée vers 8 heures du matin dans un secteur animé proche d'un lycée, a été décrite par de nombreux témoins. À part la corpulence et la tenue vestimentaire des auteurs, les témoins n'ont pu apporter d'éléments utiles.

Les douilles retrouvées sur place ont permis d'identifier trois armes distinctes, dont une kalachnikov. Le véhicule utilisé par les malfaiteurs a été découvert, incendié à la sortie de la commune quelques minutes plus tard, et deux des trois armes calcinées se trouvaient dans l'habitacle.

Ce crime a immédiatement été relié à un évènement qui s'était déroulé un mois plus tôt. En effet, deux gendarmes en vacances à Ajaccio sortaient de l'immeuble situé dans la même rue et à proximité de celui devant lequel Antoine a été assassiné lorsqu'ils avaient aperçu deux hommes vêtus de noir et porteurs d'armes longues s'engouffrer dans un véhicule de type Berlingot. Ce fait était d'autant plus marquant que dans les minutes qui ont suivi, le véhicule Berlingot a été incendié sur un chemin discret à la sortie d'Ajaccio. Les constatations effectuées sur ce véhicule, qui avait été volé quelques mois auparavant, ont permis de découvrir deux armes calcinées similaires à celles décrites par les deux gendarmes. À proximité se trouvaient deux bouchons de bidons ayant manifestement contenu le produit inflammable. L'analyse de ces bouchons a révélé la présence de traces de combustible et d'un profil ADN. Ainsi, il apparaissait probable que l'assassinat d'Antoine avait été précédé d'une tentative avortée ou abandonnée, même s'il n'y avait pas eu de véritable commencement d'exécution.

Au fil des investigations et grâce à l'identification de l'individu ayant laissé son ADN, un certain Éric, l'étau s'est resserré autour de plusieurs suspects connus pour leur appartenance à la bande dite « du petit bar ». Des rivalités existaient entre Antoine, proche du clan d'Alain et les membres de cette bande, rivalités qualifiées de « guerre des clans » par la presse.

L'enquête puis l'instruction ont mis en exergue une organisation parfaitement structurée et cloisonnée. Certains membres s'étaient chargés de louer un appartement dont les fenêtres plongeaient sur l'entrée de l'immeuble où Antoine avait l'habitude de se rendre tous les lundis matin, d'autres avaient suivi ses faits et gestes, d'autres s'étaient occupés de se procurer les armes et munitions et les produits incendiaires, l'un d'eux avait utilisé soit son véhicule, soit une voiture louée, pour réserver une place où devait stationner le véhicule des tueurs le jour J… tout était bien « huilé ».

Afin de préserver au mieux la sécurité et l'anonymat du chef de gang, les petites mains n'étaient pas associées ou informées de toutes les phases de l'opération.

Les surveillances physiques et téléphoniques réalisées par les enquêteurs, ainsi que l'analyse de l'environnement des suspects, ont abouti à l'implication de six individus, dont Jacques, le commanditaire, chef présumé de la bande du petit bar. Si le rôle de chacun des protagonistes dans la préparation du crime a pu être mis en évidence, il restait à identifier les tireurs. La piste probante de la présence d'Éric, celui qui avait laissé son profil génétique sur le bouchon, a été exploitée. Éric a admis qu'il était proche de Jacques et de ses amis, en revanche, il a réfuté le fait que ce groupe appelé bande du petit bar soit un gang de malfaiteurs et a toujours nié avoir été impliqué dans l'assassinat d'Antoine et fait partie du commando ayant opéré quelques semaines plus tôt.

S'agissant de la présence de son ADN sur le bouchon découvert près du véhicule incendié, il a fourni plusieurs versions, sachant que le lieu de l'incendie se trouve à quelques centaines de mètres du domicile de sa mère.

L'implication d'Éric, en qualité de tireur, était confirmée par un membre du gang, celui qui avait eu le rôle de placer le véhicule « tampon » devant l'immeuble et de le déplacer pour laisser celui des tueurs se mettre en place. Ce mis en cause qui bénéficiait pour la première fois en France du statut de repenti, dans le cadre d'un autre dossier, a déclaré de façon circonstanciée et constante qu'Éric lui avait confié être « le tireur du toit ».

Six accusés, dont le repenti, ont comparu devant la cour d'assises en mars 2018. Seul le présumé commanditaire, renvoyé également, n'a pas comparu en raison de son état de santé. Le repenti a été condamné à une peine d'emprisonnement avec sursis, les autres accusés à des peines de réclusion et d'emprisonnement. Cette affaire a été rejugée en appel pour certains accusés. Éric, condamné à la peine de 30 ans de réclusion en première instance, a écopé de 25 ans en cause d'appel. La Cour de cassation saisie par Éric a cassé la seconde décision et saisi la cour d'assises d'Aix-en-Provence, autrement composée pour statuer à nouveau.

J'ai présidé ce troisième procès en mai 2022. Seul Éric comparaissait, assisté par trois avocats.

Il a maintenu ses moyens de défense, qui reposaient notamment sur l'insuffisance de preuves, sur l'absence de fiabilité du témoignage de X, le repenti, sur sa non-appartenance à un quelconque gang… Le repenti, entendu par visioconférence, le visage et la voix masqués, a réitéré ses précédentes déclarations sur son implication, ses liens avec Jacques, certains autres protagonistes condamnés et Éric.

Les témoins, dont une grande majorité entendue par visioconférence, ont indiqué être surpris d'être convoqués une troisième fois par la cour d'assises et ont répété timidement ce qu'ils avaient indiqué lors de leurs précédentes auditions. L'audience s'est déroulée sans trop d'incidents.

Après plusieurs heures de délibéré, la cour et le jury ont retenu la culpabilité d'Éric et l'ont condamné à la peine de 30 ans de réclusion criminelle.

Cette affaire m'a fait plonger dans l'univers du grand banditisme corse, celui des rivalités et des guerres entre clans.

Je venais de clôturer une affaire éprouvante et je devais déjà me préparer pour une autre plus complexe, car très contestée et médiatique. Lorsque je me suis présentée au greffe pour prendre possession du dossier, ce dernier représentait plus de soixante tomes… il ne rentrait pas dans le coffre de mon véhicule et j'ai dû faire appel à mon époux pour ce transport. J'avoue qu'à la vue de ce dossier et à la perspective de devoir me plonger dans des milliers de procès-verbaux et de synthétiser une telle masse de documents, un sentiment de panique m'a envahie.

L'affaire « Air cocaïne »

Il existe deux types d'infractions criminelles relevant d'une cour d'assises spécialement composée, c'est-à-dire sans jury populaire :

– La cour d'assises compétente en matière de terrorisme ou de prolifération d'armes de destruction massive, seule la Cour d'assises de Paris ayant cette compétence ;

– La cour d'assises compétente en matière de trafic de stupéfiants, lorsqu'il s'agit de juger notamment des faits d'importation et/ou d'exportation de produits stupéfiants en bande organisée.

La cour d'assises spéciale est composée de cinq magistrats en première instance et de sept lorsqu'elle statue en cause d'appel. Les décisions sur la culpabilité et la peine sont prises à la majorité.

C'est dans ce cadre spécifique que j'ai eu à juger, en instance d'appel, ce dossier très médiatisé baptisé par la presse « air cocaïne ».

Trois rotations aériennes en jet privé ont eu lieu entre décembre 2012 et mars 2013 à bord d'un Falcon 50 entre les aéroports de Paris-Le Bourget et La Môle Saint-Tropez et ceux de Puerto Plana et Punta Cana (République dominicaine) et de Quito (Équateur). Ces vols, assurés par la société SNTHS, avaient un seul passager, et aux commandes de l'avion, les deux mêmes pilotes : Bruno O et Pascal F.

En décembre 2012, cet avion en provenance de Puerto Plana a atterri à l'aéroport de la Môle, à Saint-Tropez, une dizaine de valises étaient extraites du jet et chargées à bord de deux véhicules qui s'étaient placés sur le tarmac. L'avion était attendu par Franck C et François M, fonctionnaire des douanes, ainsi que deux autres personnes, nommées ou surnommées Ryan et Marco.

En janvier 2013, une enquête a été ouverte pour une suspicion d'importation de produits stupéfiants. Cette enquête était en cours lorsqu'en mars 2013, en République dominicaine, les policiers ont intercepté l'avion avant son décollage pour l'aéroport de Saint-Tropez. À son bord, ils ont découvert 26 valises contenant 680 kilos de cocaïne. Les deux pilotes et deux passagers présents à bord de l'appareil lors de ce contrôle policier, ont été arrêtés.

Au fil des investigations, il est apparu que Franck C avait établi le lien entre Ryan, le narcotrafiquant, et les autres protagonistes de l'affaire. Franck C, la quarantaine à l'époque, était décrit comme une figure de la « jetset » à Saint-Tropez, ancien garde du corps de stars du show-biz reconverti dans les affaires. Il avait rencontré Ryan au cours de l'année 2012, et celui-ci souhaitait être mis en relation avec toutes personnes susceptibles de lui fournir un avion afin d'acheminer des produits stupéfiants.

Un certain nombre d'éléments ont intrigué les enquêteurs :

– Il n'a été retrouvé en comptabilité aucun contrat concernant ces vols ;

– Le premier vol a été facturé par la SNTHS à la société CAPS pour une somme avoisinant les 90 000 €, alors qu'un projet de contrat fixait à 200 000 € le véritable coût de la rotation ;

— La société CAPS a effectué le paiement de cette facture en plusieurs virements échelonnés entre janvier et le 5 mars 2013, alors que l'usage est de régler en une fois et d'avance ;

– Franck C a ouvert un coffre dans une banque peu de temps après le premier vol. La perquisition de ce coffre a permis la saisie d'une somme d'environ 95 000 € ;

– L'expertise réalisée sur certaines coupures a révélé la présence de traces de THC et de cocaïne ;

– Le vol à destination de Quito en mars 2013, facturé à nouveau à la société CAPS, pour un montant de 125 000 €, n'était pas payé. Lors de cette rotation, l'avion a fait l'objet d'un contrôle à Quito, mais les douaniers n'ont pas trouvé de drogue à bord.

Franck C a dit au cours d'une de ses auditions que 400 kilos de cocaïne auraient dû être transportés depuis Quito. Le dernier vol, parti du Bourget le 17 mars à destination de Punta-Cana, a été facturé le 18 avril 2013 à la société Real Delta Consul dont le gérant était l'un des passagers, pour la somme de 110 000 €, mais aucun paiement n'a été enregistré en comptabilité.

– François M., le douanier présent sur l'aéroport de Saint-Tropez aux dates et heures prévues d'arrivée du Falcon, avait rédigé, à la demande de Frank C, une fausse déclaration datée du jour de l'arrivée du premier vol, en décembre 2012, pour justifier l'origine d'une somme de 500 000 € ;

– Le fait que trois rotations aériennes aient été organisées, ce qui n'aurait pas été le cas si la première puis la deuxième n'avaient pas été payées ;

– L'ouverture d'un coffre en banque par Fabrice A (société CAPS) peu de temps avant le premier vol, et par Pierre D en mars 2013 ;

– Plusieurs échanges téléphoniques entre les protagonistes laissant penser que les vols étaient payés.

De même, Franck C a, de façon constante, affirmé que les trois rotations avaient été commandées par Ryan, qui avait payé chacun des vols entre 230 000 € et 260 000 € sans qu'aucun paiement n'apparaisse en comptabilité pour le deuxième et le troisième vol ; au vu de tous ces éléments, il était pertinent de penser que les sommes avaient été payées en espèces.

L'identification de Ryan…

C'est en recoupant les témoignages recueillis en France, les déclarations des mis en examen et les éléments réunis dans le cadre des investigations menées sur commissions rogatoires internationales, notamment en Espagne, que la véritable identité de Ryan a pu être établie.

Ryan, connu de la justice française qui l'avait condamné pour des infractions à la législation sur les stupéfiants, avait été interpellé en Espagne en octobre 2014 dans le cadre d'une affaire portant sur le transport de 400 kilos de cocaïne. Ryan a toujours nié avoir été impliqué dans un quelconque trafic de produits stupéfiants et n'a jamais admis être le fameux Ryan, nonobstant les éléments matériels probants et son identification par des témoins.

La première étape judiciaire, en République dominicaine…

Interpellés le 20 mars 2013 à Punta Cana, les deux pilotes et les deux passagers ont été incarcérés avant d'être jugés et condamnés, en août 2015, pour détention et tentative d'exportation de produits stupéfiants, à la peine de 20 ans d'emprisonnement. Ils ont fait appel de cette décision.

En attente du nouveau procès, après quinze mois de détention, la justice dominicaine les a libérés et placés sous contrôle judiciaire. En octobre 2015, les deux pilotes anciens militaires jouissant de relations paramilitaires ont bénéficié d'une exfiltration rocambolesque ayant fait la une de la presse. Après être rentrés en France, via les Antilles en voilier, ils ont réussi à déjouer toutes les recherches. Arrivés en France métropolitaine, ils se sont exprimés devant les médias et officiellement mis à la disposition de la justice.

L'organisateur de cette exfiltration rocambolesque a été arrêté en Égypte sur mandat d'arrêt délivré par les autorités de la République dominicaine, extradé et condamné à la peine de cinq ans d'emprisonnement. Il a purgé sa peine en partie en République dominicaine.

L'un des passagers, autorisé à purger sa peine en France, a ensuite été libéré pour motif médical. Il n'a pas encore été jugé en France pour le même motif. Il a toujours nié avoir eu connaissance de la présence de produits stupéfiants dans l'avion.

Le second passager, qui se trouve toujours libre en République dominicaine, en attente de la décision de la Cour suprême, n'a lui non plus pas comparu devant la justice française. Il a contesté de façon constante avoir été impliqué dans un trafic de stupéfiants.

Ils restent tous les deux présumés innocents en France.

La seconde étape judiciaire, en France…

Le premier procès s'est ouvert devant la cour d'assises d'Aix-en-Provence le 18 février 2019. L'audience, hors normes, a été programmée sur sept semaines. Neuf accusés étaient renvoyés, notamment pour importation et tentative d'importation en bande organisée de produits stupéfiants, détention et transport de produits stupéfiants, étant précisé que les faits commis en République dominicaine n'étaient pas visés par la prévention.

Le président de la cour d'assises, constatant que le mis en examen resté en République dominicaine était dans l'incapacité de comparaître au regard de l'interdiction de quitter ce pays, et que le second ne pouvait pas être jugé, pour des raisons médicales attestées par un médecin expert, a ordonné une disjonction les concernant (ces deux accusés seront jugés ultérieurement).

Les deux pilotes ont toujours affirmé n'avoir jamais eu connaissance de la présence de produits stupéfiants dans les valises qu'ils transportaient, jusqu'à l'arraisonnement. Les deux responsables des sociétés de jets privés ont répété qu'ils n'avaient jamais été impliqués dans un tel trafic. Ils se seraient fait berner et n'auraient reçu aucun paiement en espèces.

À l'issue de ces sept semaines de débats, Ryan a été condamné à la peine de dix-huit ans de réclusion criminelle, Franck C a écopé d'une peine de douze ans, les gérants de société Fabrice A et Pierre D, les pilotes ont été condamnés à la peine de six ans d'emprisonnement et François M, le douanier, s'est vu infliger une peine de cinq ans d'emprisonnement assortie d'une interdiction d'exercer son activité professionnelle.

L'accusé Marc R, suspecté au cours de l'instruction de correspondre à un prénommé Marco, vu à plusieurs reprises en compagnie de Ryan, et d'agir en qualité de complice, a été acquitté.

Ont interjeté appel de cette décision : Ryan, les pilotes et les gérants de société, tandis que le parquet a fait appel de l'acquittement de Marc R. L'audience du second procès, programmée sur quatre semaines, a débuté le 7 juin 2021.

Il est peu commun et même franchement atypique de juger dans la même affaire un narcotrafiquant aux côtés de responsables de sociétés, de pilotes de ligne et d'hommes d'affaires. Il m'a fallu six semaines pour préparer ce dossier très volumineux et hyper contesté.

Dès l'ouverture de l'audience, j'ai eu à statuer sur plusieurs incidents de procédure, notamment une demande de renvoi motivée par l'absence de deux accusés pour lesquels j'avais prévu des auditions en qualité de témoins, et des demandes de même nature en raison de l'absence de plusieurs témoins, dont le directeur d'enquête, empêché de venir à la barre pour des raisons médicales. De tels incidents sont jugés par la cour seule sans l'assistance des jurés, ils nécessitent que la cour se retire pour délibérer et rédiger la décision.

Les avocats des accusés ont déposé des demandes en nullité de la procédure d'instruction, des demandes de compléments d'information auxquelles il a été fait droit, en partie. Chaque décision rendue sur ces incidents a fait l'objet d'un recours en cassation ! Il a fallu également gérer la grève de la faim de Ryan en cours d'audience.

Plusieurs témoins sont revenus sur leurs précédentes déclarations dont Frank C, lequel a déclaré à la barre que son témoignage lui avait été dicté par le gendarme qui l'avait interrogé et que les pilotes s'étaient fait « bananer ».

L'audition des deux accusés non encore jugés par visioconférence a créé un nouvel incident : ni l'un ni l'autre n'a en effet voulu répondre aux questions de la cour, arguant du fait qu'ils ne souhaitaient pas s'auto-incriminer, ce qui ne pouvait leur être reproché. Les conseils des accusés ont, par voie de conclusions, demandé à la cour que leurs déclarations recueillies par procès-verbal ne soient pas lues à l'audience sur le fondement du principe de l'oralité des débats, ce que la cour a rejeté après délibéré.

Nous avons entendu de nombreux témoins de personnalité parmi lesquels des pilotes de ligne venus nous expliquer quels étaient les devoirs et obligations des pilotes de jets privés. Tous se sont accordés sur le fait qu'aucun texte n'impose aux pilotes de contrôler le contenu des bagages de leur client. En effet, ni le manuel d'exploitation de l'aéronef ni la réglementation de l'aviation civile ne le prévoient. Sur ce thème, aux questions posées à ces témoins, notamment sur la présence d'un seul passager avec dix valises, ce qui n'est quand même pas anodin et aurait pu ou dû éveiller leur curiosité, des réponses surprenantes nous ont été apportées :

— Vous savez, madame la présidente, nous avons l'habitude d'affréter des vols « farfelus », tel un aller-retour Paris-Mexico sans passager, simplement pour livrer un gâteau d'anniversaire !

J'ai découvert à travers ces récits un monde très spécial…

Si, tout au long des débats, l'ambiance était tendue, voire stressante, les avocats ont présenté leur moyen de défense et exercé leurs droits de façon loyale et courtoise.

Après huit heures de délibéré, la culpabilité de Ryan, de Pierre D et de Fabrice A a été retenue. Le premier a été condamné à la peine de dix-huit ans de réclusion criminelle, les deux gérants à la peine de six ans d'emprisonnement, les deux pilotes et Marc R ont été acquittés.

La Cour de cassation a récemment rejeté les pourvois en cassation s'agissant des décisions portant sur la culpabilité et les peines prononcées.

Après cette affaire passionnante, mais éprouvante et stressante, j'ai apprécié mes vacances d'été, tout au moins en partie, sachant qu'il fallait que je me plonge dans la préparation de ma session suivante qui débutait fin août.

Mes quelques semaines de vacances, cette année-là, nous les avons passées en compagnie de Magali, ma nièce qui est aussi ma filleule. Je m'attarde un peu sur cette jeune femme exceptionnelle, âgée de 40 ans, avec laquelle je partage beaucoup.

Sa force de caractère, son franc-parler, son dynamisme, sa joie de vivre, sa curiosité, son ouverture d'esprit sont autant de qualités qui nous lient.

Chirurgien-dentiste exerçant dans le Morbihan, Magali a construit une merveilleuse famille avec son époux Jérémy, médecin également.

Avec leurs deux enfants, ils vont régulièrement se ressourcer dans leur maison familiale sur l'île d'Hoëdic, endroit idyllique au large de Quiberon et de l'île de Houat. Cet été-là, nous avons eu le bonheur de découvrir avec eux cette île sauvage de 200 âmes, sans voitures. Elle est environnée de 8 km de plages de sable fin et de falaises où nichent sans être dérangées des milliers de mouettes et oiseaux de toute sorte.

Au milieu de l'océan turquoise avec pour seul horizon un vieux phare parfaitement rénové, tous les soucis du monde s'estompent, seuls les moments de convivialité passés en famille et entre amis, les baignades, les balades, les footings, et l'inévitable Trinquette, bar emblématique de l'île, rythment nos journées, un véritable paradis.

Je viens de partager avec vous quelques affaires très différentes, mais ô combien captivantes. Tout au long de ma carrière, j'ai absorbé, telle une éponge, des souffrances, des drames, des atrocités commises par des êtres humains. J'ai été confrontée à des vies dévastées, fracassées… Je suis entrée dans l'intimité de la vie des victimes, des mis en examen et des accusés, afin de tenter de comprendre les passages à l'acte, d'être la plus objective et la plus juste possible dans mes décisions.

Mais au fond, qu'est-ce que la justice ? Au Moyen Âge, elle se définissait comme « l'art du bon et de l'égal ». C'est une valeur et un idéal moral.

Lorsque l'on me demande de définir le rôle du juge, je réponds que sa mission consiste, avec humanité et humilité, à rétablir au mieux un équilibre social dans les relations humaines.

La richesse de cette expérience de présidente de cour d'assises est en partie décrite dans une lettre rédigée par mes jurés à l'issue d'une session. Je vous livre in extenso ce document intitulé : « Vos jurés préférés ».

« Merci pour cette expérience riche de la justice, de la manière de la rendre au plus juste, entourée de votre savoir et humanité, merci (juré n° 12).

— J'ai apprécié votre patience envers notre méconnaissance de la procédure et votre disponibilité (juré supplémentaire n° 1).

— Pourquoi moi ? C'est la question qu'on se pose à la réception de notre convocation. Ensuite quand le tirage au sort a lieu, on se dit, pourquoi pas moi ? C'est une très belle expérience, j'ai beaucoup appris avec vous, et quand la prochaine convocation ? Un grand merci (juré n° 31).

— Merci, expérience très enrichissante. Longue vie aux jurés d'assises malgré les évolutions actuelles (juré n° 15).

— Après beaucoup de réticence à la réception de la convocation, j'ai vécu une bonne expérience et une autre approche de la justice. Un grand merci pour votre accueil super sympa et professionnel (juré n° 30).

— Merci pour votre professionnalisme, et pour avoir insufflé une atmosphère de détente et de bonne humeur tout en restant sérieuse et compétente (juré n° 6).

— Un immense merci pour votre accueil, gentillesse et professionnalisme, cette expérience restera gravée en moi (juré n° 13).

— Merci de nous avoir accueillis, de votre gentillesse. Cette expérience était pour moi un plaisir que je n'oublierai jamais (juré n° 29). »

D'autres retours d'expérience de jurés m'ont été adressés. Ainsi, en février 2020, une jurée qui avait été tirée au sort dans plusieurs affaires a écrit :

« Un merci particulier à madame la présidente, dont la posture de bienveillance, de pédagogue, de retour de partage d'expériences, la qualité de la synthèse, l'esprit d'équipe, la justesse du propos, le souci de veiller à l'intime conviction de chacun d'entre nous et j'en passe, nous ont permis d'aborder les affaires avec sérénité et quiétude sans perdre de vue les enjeux qui s'y attachaient pour toutes les parties, et surtout la justice.

Merci, madame la présidente, grâce à cette expérience, vous faites partie à présent des étoiles de mon parcours, de ces personnes que l'on n'a pas besoin de connaître pendant des décennies pour en détecter la richesse.

Le management s'apprend sans doute dans plusieurs écoles avec plusieurs concepts, mais le vôtre n'est pas le plus répandu et c'est bien dommage, car c'est bien votre modèle qui permet à l'être managé de donner le meilleur de lui-même ».

Cet écrit élogieux m'a émue. Je trouve qu'il reflète le sens que j'ai donné à l'exercice de mon métier.

Est-ce mon parcours de vie d'enfant et d'adolescente qui m'a conduite au choix de ce métier et m'a guidée et/ou influencée dans la façon de rendre la justice ? Il est évident que notre éducation, nos vécus, nos ressentis et notre entourage construisent notre personnalité et influent sur nos choix de vie et nos actions.

Durant tout mon parcours, ce qui m'a animée, c'est la volonté d'aider l'autre, d'agir pour atténuer les injustices, de punir ceux ayant enfreint la loi sans sévérité extrême, dans l'espoir d'une réinsertion, d'un amendement… je pense qu'un être humain peut toujours changer.

Mon épanouissement professionnel n'aurait pas été celui que j'ai dépeint sans une vie personnelle riche. Concilier sa vie personnelle et sa vie professionnelle n'est pas forcément facile, il est nécessaire de trouver un équilibre entre le temps consacré à sa famille et son métier. Rétrospectivement, je pense avoir réussi ce challenge.

Je me suis à mon tour mise à nue dans ce livre, à vous de juger !

Perception personnelle de l'institution

Je ne peux terminer cet ouvrage sans émettre quelques réflexions sur la situation de la justice. Dire que la justice se porte mal n'est pas un scoop et il s'agit d'un euphémisme. Le manque de moyens, à l'origine des retards de traitement des procédures civiles et pénales, ne doit pas rester une fatalité.

Depuis ma prise de fonction, en janvier 1988, j'ai constaté un alourdissement significatif des tâches des magistrats, des greffiers, des services de police et de gendarmerie. Alors que les contentieux connaissent une augmentation constante, les effectifs de juges, greffiers et partenaires institutionnels que sont les services de police et gendarmerie ainsi que les experts judiciaires stagnent depuis de nombreuses années.

Dans les années 1990, le budget de la justice représentait environ 2 % du budget national. En 2017, la part du budget justice sur le budget de l'État (dépenses des ministères) représentait 3,22 % d'après un article du quotidien « Le Monde ».

Si, comme annoncé par notre ministre, l'augmentation de 8 % de ce budget était exceptionnelle, elle apparaît bien dérisoire au regard des chiffres cités ci-dessus. L'étude officielle de la CEPEJ révèle que l'État français est, au sein de l'Europe, en queue de peloton parmi les pays à PIB égal (Rapport 2022 de la Commission européenne pour l'efficacité de la justice).

Le chiffre marquant relevé par la même Commission en 2022 est celui du nombre de magistrats par habitant, soit 11,2 pour 100 000 habitants, le même effectif, quasiment, qu'il y a un siècle !

À ce constat s'ajoute la problématique de « l'inflation législative à effet médiatique ».

Comme l'a écrit le professeur Guy Carcassonne dans une de ses interventions à l'université de Paris : « Tout sujet du "vingt heures" est virtuellement une loi. Il suffit qu'il soit suffisamment séduisant, qu'il s'agisse d'exciter la compassion, la passion ou l'indignation, pour qu'instantanément se mette à l'œuvre un processus qui va immanquablement aboutir au dépôt d'un projet ou d'une proposition de loi. La boussole principale de l'action politique est devenue aujourd'hui, non pas sa pertinence ou sa rationalité, mais le pronostic fait sur l'impact médiatique qu'elle aura. »

Il s'agit en effet de textes souvent élaborés dans l'urgence pour répondre à des évènements médiatisés et politisés, textes qui s'empilent sans cohésion pour constituer un mille-feuille législatif.

Sur le thème de l'empilement des textes, on peut citer quelques exemples tels que la loi sur l'irresponsabilité pénale, les textes successifs sur la récidive et les peines plancher ou très récemment, la proposition du ministre de l'Intérieur d'aggraver les peines en matière de conduite sous l'emprise des stupéfiants à la suite de l'accident mortel de la circulation impliquant un humoriste connu…

Robert Badinter, ancien ministre de la Justice, s'est exprimé sur ce sujet : « Devant la vague émotionnelle que suscite un crime odieux, les femmes et les hommes politiques se sentent interpellés. La réponse la plus simple consiste à dire : faisons une loi pour éviter que cela se reproduise. »

Seulement la loi n'est pas une thérapie, les magistrats ne sont pas des thérapeutes !

Trop de lois nuisent à la Loi, d'autant qu'elles sont accompagnées de décrets et de circulaires pas toujours clairs, parfois contradictoires, pouvant donner lieu à des interprétations différentes selon les magistrats. Cette ampliation de textes nouveaux engendre bien évidemment un travail supplémentaire pour tous les acteurs du monde judiciaire et crée une insécurité juridique dans laquelle s'engouffrent les avocats pénalistes.

Un des effets pervers de cette insécurité juridique est de nous éloigner de la mission première de la justice : la recherche de la vérité ! Sans généraliser et loin de là, quelques avocats pénalistes se concentrent plus sur les failles de l'enquête, les vices de procédure, les « erreurs » d'interprétation de la loi, que sur l'émergence de la vérité, laquelle leur importe peu.

Selon la nature de l'affaire, certains conseils mènent une défense agressive de rupture ou d'entrave visant à déstabiliser les témoins, la cour et son président, à décrédibiliser les enquêteurs et les investigations. Je déplore que cette stratégie de défense s'installe de plus en plus dans les salles d'audience.

Il est incontestable que l'avocat exerce un rôle essentiel à tous les stades de la procédure, j'ai toujours respecté les droits fondamentaux de la défense, mais d'expérience, je considère que les avocats exerçant leur art avec finesse, pondération et respect sont les plus pertinents et efficaces dans la défense de leur client.

La surmédiatisation de certaines affaires criminelles est nocive, incompatible avec le secret de l'instruction et l'absolue nécessité de sérénité de la justice. Je déplore que des témoins, des mis en examen, des victimes ou leurs proches soient interviewés alors même que les investigations sont en cours, que les caméras soient braquées sur les suspects et leur histoire personnelle, même si on prend soin de mettre en avant la présomption d'innocence.

S'il est évident que l'information est nécessaire, le battage médiatique d'un fait divers peut entraîner des conséquences dramatiques sur le déroulement de l'enquête et le jugement de l'affaire.

Les auditeurs et lecteurs de presse heurtés par certains évènements se font une idée sur la culpabilité et la gravité d'un crime et s'en tiennent aux informations, souvent partielles, qu'ils ont entendues ou vues. Quid de leur intime conviction forgée par certains médias ou les réseaux sociaux, lorsque ces citoyens seront appelés à siéger aux assises ?

Le fonctionnement du monde judiciaire reste peu connu de façon générale, il en est surtout question lorsque, par exemple, on apprend aux informations que telle personne déjà condamnée a récidivé alors qu'elle bénéficiait d'une libération conditionnelle ou se trouvait sous contrôle judiciaire. Ce type de faits divers est certes choquant, notamment pour la ou les nouvelles victimes, mais comme je l'ai développé précédemment, les juges ne font qu'appliquer les lois en leur conscience dans le strict respect du principe de l'individualisation de la sanction.

Il est important, par ailleurs, de souligner que l'on ne parle que des cas d'aménagements de peine ou d'alternatives à l'incarcération qui se sont terminés par un échec ; or ces situations ne représentent qu'un infime pourcentage par rapport à celles qui se sont bien déroulées.

À ma connaissance, il n'existe pas de statistiques permettant de connaître le taux de récidive des personnes ayant bénéficié d'aménagement de peine et celui des condamnés n'ayant obtenu aucun accompagnement. C'est bien dommage.

Remerciements particuliers

Dans les récits des affaires que j'ai livrées, je n'ai pas nommé toutes les personnes avec lesquelles j'ai collaboré. Il est important pour moi de les faire sortir de l'ombre, comme je l'ai déjà fait pour les hommes du GIGN.

Un magistrat ne travaille jamais seul, il est secondé dans tous les actes qu'il accomplit par un personnel de greffe, greffiers et agents qui authentifient tous les actes. J'ai eu la chance d'avoir à mes côtés des personnes d'exception, ne comptant pas leurs heures, s'impliquant et s'investissant autant que le magistrat, sachant que leur salaire n'est pas à la hauteur de leur responsabilité et de leur engagement. Bénéficier de l'aide de telles personnes permet aux magistrats d'optimiser et d'améliorer leurs conditions de travail.

Suzanne Mathieu, greffière au tribunal de Saint-Étienne, m'a accompagnée dans mes fonctions de substitut du procureur. Elle prenait parfois la casquette de nounou lorsque mes enfants me rejoignaient au palais, le temps pour moi de terminer une audition. J'ai retrouvé Suzanne avec beaucoup de bonheur lors de mon retour à Saint-Étienne en qualité de juge d'instruction.

J'ai le souvenir de nombreux fous rires (porte fermée et acte accompli, bien sûr !) dont un, déclenché après l'interrogatoire d'une mise en examen qui répétait toujours la même réponse aux questions qui lui étaient posées : « Je ne suis pas au courante », voulant dire, bien sûr, je ne suis pas au courant. J'avais pour habitude de préparer le canevas de mes interrogatoires, ma greffière actait les réponses. Ce jour-là, elle avait fait un copier-coller de sa réponse jusqu'à la fin du procès-verbal !

Jean-Claude Yesso a été mon greffier lors de ma prise de fonction de juge d'instruction à la JIRS de Lyon. La JIRS venait d'être créée et nous avons essuyé les plâtres ensemble ; je félicite son dévouement et son implication.

Avec Lydie Troncy, qui lui a succédé, nous avons formé une équipe soudée face à la masse de travail, au nombre de dossiers ouverts dans notre cabinet et à l'agressivité de certains mis en examen. Nous nous sommes transportées à de nombreuses reprises sur des perquisitions, des reconstitutions. Nous avons parfois fermé la porte du bureau à des heures tardives, toujours dans la bonne humeur.

Je revois Lydie monter dans un hélicoptère lors de la reconstitution que j'avais organisée dans le dossier des « souris vertes ». C'était un moment fort. Lorsque j'ai quitté mes fonctions de juge d'instruction à Lyon, notre séparation a été un véritable déchirement. Lydie a souhaité changer de service.

Le fonctionnement d'une cour d'assises nécessite un travail de greffe considérable en amont et en aval de l'audience. Peu de greffiers sollicitent ce genre de poste au regard de l'investissement qu'il implique.

Qu'il s'agisse des cours d'assises de Lyon, Saint-Étienne et Aix-en-Provence, j'ai bénéficié de l'assistance de belles personnes, compétentes et passionnées. Je garderai en mémoire le nom de plusieurs d'entre elles : Sylvie, Hélène, Justine, Cécile, Floriane, Marie-Christine, Christiane, Colette, Michèle, Estelle…

La matière première sur laquelle travaille le juge pénal, ce sont les enquêteurs qui la fournissent. J'ai noué avec la quasi-totalité des fonctionnaires de police et de gendarmerie avec lesquels j'ai travaillé de vraies relations de confiance, de sorte que leur investissement, leur pugnacité, leur volonté d'élucider les affaires était remarquable. Il est absolument nécessaire que le magistrat s'implique dans la direction d'enquête, suive le dossier, organise des réunions de travail, des briefings et débriefings…

Je garde en souvenir l'élucidation de nombreuses affaires criminelles et de trafics de produits stupéfiants avec les groupes crim' et stup' du commissariat de Saint-Étienne. Je salue également leur engagement lorsque j'ai été menacée, ainsi que ma famille, par un mafieux roumain. Leur présence, leurs messages de sympathie, leur vigilance sans faille nous ont aidés à traverser cette épreuve.

Avec l'assistance des services de la police judiciaire de Lyon, Grenoble, Saint-Étienne, j'ai instruit des dossiers passionnants. J'ai cité l'affaire de la contrefaçon des vins des hospices de Beaune ; Michel Lagarrue et Éric Senequier étaient mes deux comparses de la SR de Lyon. J'ai mené l'instruction de l'affaire « des souris vertes » avec la SR de Grenoble, les chefs de ligne étant le colonel Tabel et son équipe, constituée autour des deux Fred et de Michel.

Avec les fonctionnaires de la PJ de Saint-Étienne, Éric Simon, Éric Carrot, Nicolas Coffy et toute leur équipe, nous avons investigué au-delà des frontières, notamment à Madagascar, en Algérie, en Géorgie… Que de bons souvenirs de travail d'équipe !

Je ne vais pas oublier mes collègues, d'abord mes mentors, Paul Michel que j'ai déjà évoqué, Claude Bailly-Maitre, mon directeur de stage lorsque j'étais auditrice au tribunal de Lyon et que j'ai retrouvé au tribunal de Saint-Étienne, qu'il présidait. Bienveillant, cultivé et chef de juridiction apprécié, il m'a permis de me familiariser avec le contentieux civil dans des conditions idéales, me laissant choisir, pour la rédaction, les dossiers qui m'intéressaient.

J'ai beaucoup appris, dans les contentieux de la construction et de l'expropriation, de Jean Denizon, un juriste hors pair avec lequel je siégeais en chambre civile. Christiane Denizon, son épouse, m'a remis « les clés » du service de l'application des peines qu'elle a dirigé avant moi. Fine juriste, elle m'a épaulée lors de mon arrivée et m'a transmis toutes les ficelles de cette fonction. Christiane et Jean sont devenus et restés mes amis.

Lorsque l'on est nommé dans une nouvelle fonction, on change carrément de métier. Le soutien des collègues, leur expérience et leurs conseils sont essentiels pour compléter et/ou rafraîchir la formation théorique.

J'ai côtoyé de nombreux collègues avec lesquels j'ai beaucoup partagé. Nicolas Chareyre, que j'ai déjà mentionné. Je l'ai rencontré lorsqu'il était auditeur de justice. Après avoir choisi la carrière de policier, il a intégré la magistrature et effectué son stage à Saint-Étienne lorsque j'occupais le poste de juge de l'application de peines, nos carrières se sont ensuite déroulées en parallèle. Nous avons nourri nos missions de juge d'instruction à la JIRS de Lyon d'un réel et passionnant travail d'équipe et d'échanges constants sur tous les dossiers dont nous étions cosaisis. Les interrogatoires, confrontations, reconstitutions étaient systématiquement réalisés à deux ; dans le cas de certains dossiers, c'était une façon d'équilibrer les forces, les malfaiteurs relevant du grand banditisme s'entourant en effet de plusieurs avocats.

Nous avons également beaucoup voyagé dans le cadre de nos dossiers, des moments forts dans nos carrières. Nicolas est en outre un excellent pâtissier et cuisinier qui a même obtenu le CAP de cuisine. Je me souviens des gâteaux qu'il apportait régulièrement au service le matin. ! Un régal. Des moments de convivialité inoubliables.

J'ai croisé le chemin de belles personnes, collègues avocats et policiers, avec lesquels des liens d'amitié se sont installés. Il y en a tant que j'ai peur d'en oublier. J'en nommerai pourtant certaines, pardon à ceux qui ne seront pas cités. Laurence, mon amie de faculté, avec laquelle j'ai planché sur les épreuves du concours de la magistrature jusqu'à notre réussite et notre entrée à l'ENM. Sur chacune de nos affectations, nous avons partagé des moments forts.

Marie-Pierre, une amie de promotion, Philippe et Corinne, Géraldine, Annette, Anne-Lise, Frédérique, Régine, Marie, Élise, Laurent, Rose-Marie, Marie-Hélène, Blandine, Dominique, Fabienne, Vyannette, Vinciane, Aude, Marie-Laure, Luc, Véronique, Marc, Fabien, Rafael, Franck-Olivier, Jean-Luc et Michèle, Hubert et Marie-Christine… croisés sur le chemin de mes différentes affectations.

Un juge n'est pas un technicien, il a besoin de l'éclairage de spécialistes, d'experts… J'ai eu la chance de compter sur des experts diligents ayant le sens du service public et compris la nécessité de rendre des rapports clairs.

Je citerai le docteur Françoise Rosati, médecin légiste Nadine Besset, experte psychologue ; Jean Canterino, expert psychiatre ; Lakhdar Attar, expert balisticien.

Une pensée amicale pour Imen Ghouali, journaliste d'investigation, réalisatrice, écrivaine et scénariste pour tous ses conseils et sa préface élogieuse.

Un remerciement particulier à la journaliste Frédérique Lantieri, animatrice de l'émission *Faites entrer l'accusé* qui m'a inspirée pour l'écriture de ce livre.

Je remercie l'écrivain Guillaume Moingeon pour son aide et ses conseils dans cette belle aventure d'écriture.

Je termine ce chapitre des remerciements par les personnes qui me sont chères : maman, sans laquelle je n'aurai pas été la personne que je suis, mon époux qui m'a épaulée tout au long de ma vie personnelle et professionnelle, mes deux enfants, Nicolas et Thomas, qui ne m'ont apporté que du bonheur, enfants faciles, intelligents, curieux, affectueux. Ils m'ont offert tant d'amour et de joie de vivre que je partage aujourd'hui avec leur compagne Elodie et Marie-Charlotte ! Mes deux petits-enfants, Natéo, 7 ans et Juliette, 4 ans, deux petits anges qui me comblent de joie ; mon frère Yvon avec lequel je partage tant de souvenirs, Déborah, sa fille et Dodo, son adorable épouse…

Mes pensées s'adressent également à mes nièces filleules et à l'ensemble de ma famille.

Ce cocon familial était mon havre de paix, il l'est toujours. Sans lui, ma carrière aurait été différente, ma vie professionnelle plus difficile.

À présent, vous savez tout, l'audience est levée.

Imprimé en Allemagne
Achevé d'imprimer en décembre 2023
Dépôt légal : décembre 2023

Pour

Le Lys Bleu Éditions
40, rue du Louvre
75001 Paris

www.ingramcontent.com/pod-product-compliance
Lightning Source LLC
Chambersburg PA
CBHW062342010826
49168CB00024B/229

* 9 7 9 1 0 4 2 2 1 6 8 9 4 *